Las cartas
de la medicina

6ª edición: marzo 2024

Título original: MEDICINE CARDS, REVISED EXPANDED EDITION
MEDICINE CARDS® es una marca registrada de Jamie Sams y David Carson
Publicado inicialmente en inglés por St. Martin's Press, U.S.A.

Traducido del inglés por Antonio Luis Gómez Molero y Francesc Prims Terradas

© del texto
 1988, 1999 de Jamie Sams y David Carson

© de las ilustraciones
 1988, 1999 de Angela Werneke

© de la presente edición
 C/ Rosa de los Vientos, 64
 Pol. Ind. El Viso
 29006-Málaga
 España

www.editorialsirio.com
sirio@editorialsirio.com

I.S.B.N.: 978-84-16233-08-3
Depósito Legal: MA-1244-2016

Impreso en China

Puedes seguirnos en Facebook, Twitter, YouTube e Instagram.

Cualquier forma de reproducción, distribución, comunicación pública o transformación de esta obra solo puede ser realizada con la autorización de sus titulares, salvo excepción prevista por la ley. Diríjase a CEDRO (Centro Español de Derechos Reprográficos, www.cedro.org) si necesita fotocopiar o escanear algún fragmento de esta obra.

 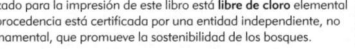

Jamie Sams y David Carson

Las cartas de la medicina

Editorial SIRIO

Agradecimientos

Mi agradecimiento a Stephanie Hammer. Asimismo me gustaría expresar mi reconocimiento a mis dulces maestras de medicina, las mujeres que confiaron en mí para transmitirme las sagradas enseñanzas: Opal, mi madre, y mis tías, Ruby, Agnes y Phoebe. Sabed que he honrado a la medicina y la he transmitido a quienes pueden usarla. Mi corazón se llena de gratitud al sentir cómo, desde la senda azul del espíritu, me sonríen los vuestros. He dejado de ser «el invisible».

David Carson

Quisiera expresar mi agradecimiento a los maestros de medicina, las mujeres y los hombres que me hicieron atravesar el vacío del Gran Espejo de Humo. A Joaquín, mi maravilloso maestro maya; al Abuelo Taquitz, que me mostró amor incondicional; a la Abuela Twylah, que es mi inspiración constante, y a mis dos abuelas, Olna y Verna, gracias por enseñarme a tocar las estrellas, a mantener el corazón abierto y a predicar con el ejemplo.

Jamie Sams

A nuestra «dulce Nina» le mandamos nuestro amor por mantener la energía y por su esfuerzo al transcribir estas páginas. Y a *todos nuestros familiares*, es un honor participar de vuestra vida y vuestra luz.

Dedicamos esta obra con gran amor y respeto a la Abuela Twylah por toda una vida de servicio a las enseñanzas del Clan del Lobo y a los hijos de la Madre Tierra.

Para *Ya-weh node*, aquella cuya voz cabalga los vientos.

Introducción

Al recopilar la medicina que aprendimos del reino animal y de nuestros maestros a través de los años, hemos descubierto que es necesario dar a conocer estas enseñanzas para ayudar a elevar la conciencia colectiva. En el espíritu del Clan del Lobo, hemos elegido, como maestros, crear un método de adivinación para ayudar a cada alma a encontrar su senda personal a través la medicina de los animales.

Las enseñanzas varían de una tribu a otra; por tanto, hemos empleado ciertos aspectos de cada medicina animal para transmitir lecciones vitales vinculadas con la búsqueda humana de la unidad con *todas nuestras relaciones*. Las enseñanzas surgen de la naturaleza, y es a la naturaleza a donde todos regresaremos. Cada parte de la creación tiene un lugar válido en la Rueda de la Medicina de todo cuanto existe.

Somos muy afortunados por haber recibido estas enseñanzas de muchos ancianos de las tradiciones choctaw, lakota, seneca, azteca, yaqui, cheyene, cherokee, iroqués y maya. Debido a la diversidad de enseñanzas de estas tradiciones, solo hemos arañado la superficie de la profunda comprensión que es posible alcanzar con este sistema de adivinación. Nuestro propósito al crear este sistema no es cubrir todas las enseñanzas de la medicina animal que han existido. Nuestra intención, como chamanes y sanadores, es iniciar un proceso para aquellos que nunca han entendido su conexión con nuestra Madre Tierra y con todas sus criaturas. Nuestra esperanza es abrir una nueva puerta a la comprensión para quienes buscan la unidad de toda la vida.

Las visiones que hemos recibido sobre este sistema nos lo muestran como un puente para ayudarnos de forma amena a comprender lo que significa «caminar en equilibrio sobre la Madre Tierra». Nuestros animales de poder personales nos han hablado a través del Tipi de los Sueños y nos han pedido que ayudemos a expandir la comprensión de que toda la vida es sagrada y a compartir las lecciones que ellos deben impartir.

Este sistema de adivinación y de comprensión ha sido una magnífica medicina para nuestras vidas, y elaborarlo ha constituido un camino poderoso y lleno de dicha. Es un «regalo» de los seres de cuatro patas, de los que reptan, de las criaturas con aletas y de las que tienen alas. Que enriquezca las vidas de todos aquellos que entran en contacto con él, y que todos sintáis nuestro amor al emprender juntos el camino.

Cuatro Vientos,
Jamie Sams y David Carson

Dǎ Nāho! Wi:yo:h!
(¡Se ha dicho! ¡Y es bueno!)

La medicina animal

Para entender el concepto de medicina de la manera en que lo hacían los indios norteamericanos, tenemos que redefinir esta palabra. La medicina a la que nos referimos en este libro es algo que mejora nuestra conexión con el Gran Misterio y con toda la vida. Esto abarcaría la sanación del cuerpo, la mente y el espíritu. Además esta medicina le brinda al individuo poder, fuerza y comprensión. Es vivir constantemente de una manera que contribuye a sanar a la Madre Tierra y a todos nuestros compañeros, familia, amigos y el resto de la gente que nos rodea. La medicina de los indios norteamericanos es un «estilo de vida», porque implica caminar sobre la Madre Tierra en perfecta armonía con el universo.

Nuestros prójimos, los animales, exhiben modelos de comportamiento que transmitirán estos mensajes de sanación a cualquiera lo suficientemente perspicaz como para observar sus lecciones sobre cómo vivir. Los preciosos dones de la medicina auténtica son gratuitos. Cada lección está basada en una idea o concepto principal y, para simplificar, a cada animal se le ha asignado una de estas lecciones. En realidad, cada animal de la creación tiene cientos de lecciones que impartir, y todas esas lecciones son poderes que pueden invocarse.

Cuando invocas el poder de un determinado animal, estás pidiendo llegar a una completa armonía con la fuerza de su esencia. Conseguir comprender a estos hermanos del reino animal es un proceso sanador; debemos acercarnos a ellos con humildad y dejándonos llevar por la intuición. Se han elegido ciertos aspectos de lo que nos enseñan estos hermanos para reflejar las lecciones que cada espíritu tiene que aprender en el Buen Camino Rojo. Estas son las lecciones de ser humano, ser vulnerable y buscar la integración con todo lo que existe. Son una parte de la senda que conduce al poder. El poder se encuentra en la sabiduría y en comprender el papel de cada uno en el Gran Misterio, así como en honrar a cada ser vivo como maestro. Las lecciones impartidas son eternas y aparecerán siempre. Si el aprendizaje termina, también terminan la magia y la vida.

Este sistema de adivinación es un aspecto minúsculo del proceso de enseñar a una persona a ser intuitiva, a buscar las verdades de la naturaleza, a relacionarse con las criaturas del Gran Misterio y a observar lo obvio en el silencio. Este silencio de la mente tranquila es la sagrada fertilidad del espíritu receptor. Si usas esta herramienta de adivinación en silencio, descubrirás un mundo nuevo maravilloso que se dirige a ti de la manera en que lo hacen tus criaturas hermanas.

Puede que te encuentres con animales que te hablen de una manera particular, la manera del poder. Quizá estas criaturas te traigan una medicina especial y venga a ti en la Hora de los Sueños, si las estudias con más atención. Tu aliado de poder es una determinada especie con la que has reconocido una conexión importante. Esta especie se transforma en tu maestro, y con ella te permitirás a ti mismo crecer y aprender. Nada puede reemplazar la observación de estas criaturas en sus hábitats naturales, porque esto te conecta con la Tierra, con el animal y con el Gran Misterio.

A veces, el espíritu del aliado de poder puede elegir entrar en la conciencia de quien ha caminado por la Senda de la Medicina durante muchos años y alinearse con él para ayudar en las sanaciones. Esto es una parte del proceso de iniciación de la Medicina Animal, y brinda un gran poder al sanador.

Cuando estamos aprendiendo a invocar la medicina de cualquier ser humano, criatura o fuerza, debemos mantener una actitud de reverencia y estar dispuestos a aceptar ayuda. Por ejemplo, los niños pequeños nativos saben que si están perdidos pueden invocar la medicina de sus padres. Esto trae al niño la fuerza de los padres, aunque no estén físicamente presentes. Los padres sentirán el tirón de la necesidad de su hijo, y en ocasiones serán capaces de ver físicamente a través de los ojos del niño y determinar su localización. Este es un tipo de poder que surge de la idea de unidad y de que cada ser tiene en su interior una parte de todos los demás seres. Es la ley de la unidad.

También es posible invocar el poder o la medicina de un animal cuando uno necesita un talento específico. Como todo lo que existe en este universo está compuesto por los mismos elementos (los átomos), podríamos asumir que nos comunicamos por medio del denominador común de cada átomo, que es la fuerza creativa o Gran Espíritu que vive *dentro* del Gran Misterio. Es la enseñanza de estas verdades lo que llevó a los pueblos indígenas a alcanzar la comprensión, y estas mismas verdades pueden abrirte las puertas a ti.

Los poderes curativos de la medicina animal

En tiempos remotos, los iniciados, los buscadores o cualquiera que necesitara orientación se presentaba ante los ancianos. Los ancianos solían ser seis, y se sentaban en el Norte. Eran sabios, no solo porque habían vivido una larga vida, sino porque conocían los secretos internos. Entendían los senderos de lobo de la mente, tenían muchas visiones poderosas y consideraban sus poderes como dones.

Trata de imaginarte la hoguera crepitante del Consejo y a los seis ancianos sentados en el Norte bajo una luna creciente. La luna creciente está dibujada sobre la tierra con polvo de maíz. Hay tres ancianos sentados a la izquierda cuando entras por el Sur, y tres ancianas sentadas a la derecha. En la oscuridad resplandecen sus figuras, iluminadas por la lumbre. Te sientas frente al segundo hombre, el de en medio. La fiereza de su mirada de ave te mantiene pegado al suelo. El anciano alza un saco o bolsa de medicina decorado. Está cubierto de símbolos y figuras de poder y lleva flecos en la parte de abajo.

El hombre de en medio te señala con gestos que metas la mano en la bolsa. Lo haces. Sacas, quizá, un diente de lobo o una pezuña de oso. Te indica que lo coloques en el suelo entre vosotros dos, en una posición determinada. Lo haces. Luego sacas otros objetos de la bolsa y los colocas con el primero. Cada posición o dirección tiene un significado y cada objeto es una lección o un talento.

La mujer de en medio mira los objetos que has seleccionado y las configuraciones en las que los has emplazado. Empieza a hablarte con su voz tranquila. Parece saberlo todo sobre ti. Parece ver dentro de tu misma alma. Es una guía y una consejera sabia. Puede decirte si te has apartado de tu camino, y cómo lo has hecho. Puede indicarte si alguna persona o poder maléficos te han engañado y de qué modo. Puede advertirte acerca de cualquier problema de salud que puedas tener. Puede orientar tu desarrollo espiritual. Te hace mirar en tu interior como jamás lo has hecho y descubrir tu armonía con toda la creación. Puede aconsejarte sobre cualquier asunto. Cuando dejas a los ancianos, te sientes lleno de poder y capaz de enfrentarte a cualquier situación. Te sientes completo.

Hoy día existe la necesidad de este tipo de orientación. Esta es la función de las Cartas de la Medicina. Estamos en una época que se ha separado de la naturaleza y la magia. Las Cartas de la Medicina son un método para remediar esa separación.

Los nueve animales totémicos

Cada persona tiene nueve animales de poder, o animales totémicos, que representan la medicina que porta en su Caminar por la Tierra. Estos animales o criaturas emulan cada uno de los talentos, capacidades y desafíos de la persona.

Por ejemplo, si alguien está conectado al lobo como animal de poder, ese individuo es un maestro, explorador, innovador o emprendedor nato. Esto no significa necesariamente que reconozca esos dones y los esté usando al máximo. Puede significar que el lobo está ahí para hacerle comprender que los tiene y que necesita desarrollarlos. Si la persona ignora esos talentos, podrías decir que el Lobo aparecerá invertido.

Cuando vienes a este Caminar por la Tierra, hay siete direcciones alrededor de tu cuerpo físico. Estas direcciones son Este, Sur, Oeste, Norte, Arriba, Abajo y Dentro. La dirección llamada «Dentro» existe en tu interior, pero también te rodea, ya que el universo entero está en tu conciencia. Tienes un animal totémico en cada una de las siete direcciones para mostrarte las lecciones que estas pueden enseñarte. Para descubrir estos animales totémicos por ti mismo, extiende las cartas boca abajo frente a ti formando un arco. Luego toma un trozo de papel y empieza a escribir la dirección Este, pues el Este es la «puerta dorada» o la entrada que apunta al Escudo de Medicina. Escribe Este, Sur, Oeste, Norte, Arriba, Abajo y Dentro en el lado izquierdo del papel. Serénate y pide de manera reverente que las criaturas que son tus guías y ayudantes silenciosos guíen tu mano hacia las cartas. La primera carta que elijas será tu animal del Este; la segunda, tu tótem del Sur, y así con las siete direcciones. Escribe el nombre de estos animales junto a las direcciones que anotaste en el papel. Puede que te sorprendan estas selecciones, pero serán correctas. Al usar este proceso intuitivo, tú, como buscador, conectarás con tus propios guías. Una vez hayas terminado la selección de tus siete animales para las siete direcciones, no deberías volver a realizar este proceso. Estas son las criaturas que son tu medicina.

Los otros dos animales que forman tus nueve tótems son los que caminan a tu lado en todo momento y que durante años pueden haber estado visitándote en sueños. Si no se te han

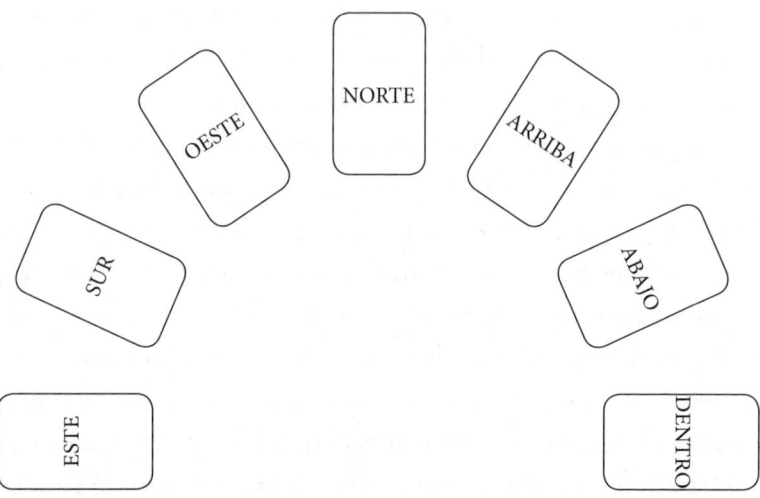

aparecido en sueños, quizá sean animales hacia los que te sientes atraído pero que no han aparecido entre los siete que seleccionaste. Puede que estas dos criaturas se te aparezcan más tarde. O, cuando leas acerca de las cualidades de los animales de este libro, quizá sencillamente «conectes» con los dos que caminan a tu lado. Sin embargo, es posible que esos dos que caminan a tu lado no se encuentren en este texto. Puede que sean cualquier miembro del reino animal sobre nuestra Madre Tierra. Uno de ellos podría ser un cóndor, un koala, un carcayú o una ardilla listada. Para entender mejor las medicinas de estos animales, consulta un libro sobre sus hábitos y fíjate en cómo sus características se pueden aplicar a la humanidad y a ti mismo.

Tu opinión sobre ti mismo no puede interferir al elegir estas cartas; por tanto, tenderás a aprender más sobre tu verdadera naturaleza cuando sencillamente dejes que los animales vengan a ti.

Significado de los nueve animales totémicos

Este: el animal del Este te guía hacia tus mayores retos espirituales y protege tu senda hacia la iluminación.

Sur: el animal del Sur protege a tu niño interior y te recuerda cuándo ser humilde y cuándo confiar, para que la inocencia esté equilibrada con tu personalidad.

Oeste: el animal del Oeste te dirige hacia tu verdad personal y hacia tus respuestas internas. Además te muestra la senda hacia tus metas.

Norte: el animal del Norte te da sabios consejos y te recuerda cuándo debes hablar y cuándo tienes que escuchar, y además que estés agradecido a diario por todo lo que tienes.

Arriba: el animal de arriba te enseña a honrar la Gran Nación Estelar, y te recuerda que viniste de las estrellas y a las estrellas volverás. Este animal es también el guardián de la Hora de los Sueños, para que puedas acceder a las otras dimensiones.

Abajo: el animal de abajo te enseña acerca de la Tierra interna, y cómo permanecer enraizado y en la senda.

Dentro: el animal de dentro te muestra cómo encontrar la dicha de tu corazón y cómo ser fiel a tus propios principios. Además es el protector de tu espacio sagrado, el lugar que es solo tuyo y que nunca se comparte a no ser por invitación.

Lado derecho: este animal protege tu lado masculino y te enseña que, no importa a dónde vayas, será tu Padre protector interno. Lleva además tu coraje y tu espíritu guerrero.

Lado izquierdo: este animal es el protector de tu lado femenino y te enseña que debes aprender a recibir abundancia así como a cuidar de ti mismo y de los demás. El animal del lado izquierdo es también tu maestro en las relaciones y la maternidad.

La Rueda de la Medicina

Todo espacio es un espacio sagrado. Cada centímetro de la Madre Tierra mantiene una conexión especialmente activa con alguna criatura viviente, y por tanto hay que honrarlo. La Rueda de la Medicina es una expresión física de este conocimiento y puede usarse para crear un espacio ceremonial sagrado. Se construye emplazando doce piedras grandes en un círculo, parecido al de la esfera de un reloj. Las cuatro piedras más grandes se colocan en los cuatro puntos cardinales. Empieza por colocar la piedra del Sur, la piedra del niño, donde empieza la vida. Luego desplázate al Oeste, al Norte y finalmente al Este. La piedra del Este se coloca al final porque el espacio del círculo está lleno del espíritu que entra a través de la puerta del Este, la puerta dorada para la iluminación. Cuando está a punto de cerrarse, es el momento de pedirle al espíritu que llene el espacio para que el respeto y el amor mutuos puedan producirse. Esta es una de las maneras tradicionales de construir una Rueda de la Medicina.

La Rueda de la Medicina se usa para unir las energías de todos los animales o criaturas, la Gente de Piedra, la Madre Tierra, el Padre Cielo, el Abuelo Sol, la Abuela Luna, el Mundo del

Cielo o la Nación Estelar, los Subterráneos, la Gente de Pie (los árboles), los Dos Piernas (los humanos), los Hermanos y Hermanas del Cielo y los Seres del Trueno. En las enseñanzas nativas se considera que estas son todas nuestras relaciones.

La ceremonia es un método para honrar y reconocer las conexiones con toda la vida a través de la expresión de gratitud en cantos, bailes y rituales. Siempre se hace con la guía del Gran Espíritu y el Gran Misterio.

La Rueda de la Medicina es un símbolo de la rueda de la vida, que siempre está evolucionando y brindándoles nuevas lecciones y verdades a quienes caminan por la senda. El Caminar por la Tierra se basa en la comprensión de que cada uno de nosotros debe estar muchas veces en cada uno de los radios de la gran rueda de la vida y en que hay que honrar todas las direcciones. Hasta que hayas caminado con los mocasines de otro o estado en sus radios de la rueda, nunca sabrás de verdad lo que siente.

La Rueda de la Medicina nos enseña que todas las lecciones tienen el mismo valor, como todos los talentos y capacidades. Todas las criaturas vivientes verán y experimentarán un día cada radio de la rueda y conocerán esas verdades. La Rueda de la Medicina es una senda a la verdad, la paz y la armonía. El círculo nunca termina, vida sin fin.

Al pasar por el Buen Camino Rojo, uno aprende las lecciones de la vida física o de ser humano. Esta senda se extiende del Sur al Norte en el círculo de la Rueda de la Medicina. Tras la experiencia de graduación de la muerte, uno entra en la Senda Azul o Negra, que es el mundo de los abuelos y de las abuelas. En espíritu seguimos aprendiendo mientras aconsejamos a quienes permanecen en el Buen Camino Rojo. La Senda Azul del espíritu se extiende de Este a Oeste.

LA RUEDA DE LA MEDICINA

La Rueda de la Medicina es la vida, el más allá, el renacimiento y el honrar cada paso que damos en el camino.

La Rueda de la Medicina

El escudo de medicina

El Escudo de Medicina es una expresión del don único que su hacedor desea impartir a su itinerario vital. Un Escudo de Medicina puede hablar de un nuevo nivel en el crecimiento personal o ejemplificar la próxima montaña que se quiere escalar.

Tradicionalmente el escudo que un guerrero llevaba hablaba de las fortalezas interiores que emplearía para ayudar a la tribu. El escudo de una mujer indígena hablaba de sus cualidades maternales, y de sus dones de visión, sanación, costura, magia, canto, danza y hacer adornos con cuentas. Los escudos exteriorizaban la posición de sus portadores en la familia tribal y de los tótems que portaban.

Al evocar el reconocimiento de los dones de otro, los Escudos de Medicina eran una manera de crear armonía en la familia, en la tribu y en la nación. Los Escudos hablaban también de las verdades internas así como de las personalidades externas de sus creadores. Cada mujer hacía su propio escudo. Cada hombre elegía a un hermano que honraba su propia medicina para hacerle un escudo. Esto era así para impedir que el ego masculino se interpusiera en el camino de la verdad. Las mujeres estaban ya conectadas con su lado intuitivo y más dispuestas a recibir lo que las «voces» de sus abalorios les contaban sobre sus dones. Ellas, además, entendían el concepto de hermandad y dejaban el papel de protector a los hombres, mientras asumían el rol de Madres de la Fuerza Creativa. De este modo, las mujeres fabricaban sus propios escudos con humildad y creatividad.

Mentir sobre tus dones era una gran deshonra. En realidad mentir acerca de cualquier cosa podía provocar el exilio permanente de la tribu. Quienes habían sido desterrados por ese motivo normalmente encontraban trabajos sirviendo de guías a los hombres blancos o ayudando a la caballería como intérpretes de lengua viperina. Los escudos de los que habían mentido se quemaban en una ceremonia de gran duelo, y quienes crearon esos escudos se volvían invisibles a los otros miembros de la tribu y de la nación.

Muchas veces se hacía un escudo para el inicio de un proyecto, y contenía el resultado deseado. Otros escudos se hacían para relatar episodios de una batalla, una cacería o la búsqueda de una visión. Cuando iba a celebrarse una ceremonia especial, se hacía uno que representaba la alegría de la tribu y los espíritus que entraban en contacto con sus miembros. Se realizaban escudos como talismanes para que los partos fueran fáciles y las cosechas abundantes, o como rituales del paso a la edad adulta y la transformación en hombres o mujeres.

Cuando iba a celebrarse un matrimonio, los escudos de la novia y el novio se colocaban en el lado opuesto a sus dueños respectivos con objeto de revelar los secretos internos del alma de la pareja. Después de que los novios saltaran la hoguera juntos, los escudos se colgaban de lanzas que se cruzaban y unían en la puerta del tipi de la boda. Estos escudos también iban a las varas de los tipis de quienes pasaban al mundo del espíritu. Este era un signo de finalización satisfactoria del Caminar por la

EL ESCUDO DE MEDICINA

Tierra, y señalaba los talentos de la persona fallecida a los abuelos y abuelas que habían marchado antes.

El Escudo de la Danza del Sol se hace como símbolo del deseo del bailarín de sacrificar la carne de su cuerpo por la paz del mundo. Es un signo de las pautas de vida que el guerrero está revelando desde su interior para promover la paz mundial y la armonía consigo mismo. Habla del deseo de venir en humildad, de bailar con el Sol en la luz, de buscar la visión de lo que es necesario y de soportar el dolor de todas nuestras relaciones.

Los escudos secretos de las mujeres en el tipi de la luna hablan de los talentos de esas mujeres y de su fuerza interior para apoyar a sus hermanas. Estos escudos nunca se muestran al mundo exterior ya que cada uno representa el espacio interior sagrado de su creadora. Cada mujer revela su yo interior a sus hermanas con absoluta confianza, pero nunca se muestra por completo al mundo externo. Esto lo hace para proteger la fuerza creativa que lleva en el espacio de su útero, la fuerza que sigue los ritmos de la Tierra y la Luna.

Todo escudo lleva consigo medicina. Por medio de su arte y autoexpresión, cada uno es la esencia de un tiempo y un espacio que porta ciertos aspectos de conocimiento. Todas las personas llevan escudos de las lecciones de la Rueda de la Medicina. Estas lecciones pueden incluir sus fuerzas y debilidades, sus talentos y sus dones, sus visiones, sus propósitos y su posición en la vida. El tótem de cada dirección puede expresarse por medio de una pluma, una huella de pezuña, un símbolo o una parte del animal totémico: cuerno, diente, hueso, cuero, pelo o aleta.

Cada escudo es para su creador un recordatorio de su conexión con la vida. En tiempos de incertidumbre, un Escudo de Medicina es una fuente de aliento, de protección contra el miedo, y un recordatorio de la serenidad del conocimiento y la conexión. Para equilibrar la energía de la incertidumbre, el creador del escudo medita sobre este. Cuando entra en el silencio, las preguntas acerca de su propio misterio son respondidas.

Los Escudos de Medicina representan señales que guían nuestro paso a la sabiduría y la completitud. La tarea del Caminar sobre la Tierra es equilibrar los escudos del Yo. Al esforzarnos por ser íntegros, reflejamos la armonía así como la discordia de nuestros muchos fragmentos.

Los Escudos de Medicina nos recuerdan el hecho de que todo tiene su momento y lugar perfectos en la vida. Las alegrías se equilibran con las lágrimas, el silencio sagrado con las payasadas irreverentes, el amor propio con la humildad, el dar con el recibir, el día con la noche, la luz con la sombra y la sabiduría con la inocencia. Caminar en equilibrio es honrar todos los actos de nuestra humanidad en sus momentos adecuados y descubrir lo sagrado en todos ellos.

Los Escudos de Medicina son las herramientas sanadoras que nos proporcionamos a nosotros mismos para sosegar el espíritu y darle fuerza a la voluntad. La verdad no necesita explicación, solo reflexión. Esto permite a la intuición guiar al corazón para que la humanidad pueda celebrar más de lo que lamenta.

La tirada de las Cartas de la Medicina

Las Cartas de la Medicina están numeradas, y cada una de ellas muestra en su cara un animal dentro de un Escudo de Medicina. Si se da la vuelta a la carta, su número y su animal quedarán boca abajo. Por tanto, en cada carta se presentan dos lecciones: una para la posición normal o derecha y otra para la posición invertida o contraria.

Siempre es mejor colocar bien todas las cartas antes de empezar. Después de esto pueden barajarse o mezclarse de cualquier manera que elijas. Una vez barajadas, coloca todas las cartas boca abajo, para que no puedas ver los dibujos de los animales. Repártelas en la mesa y elige una para una meditación diaria. Luego, en silencio, tras leer la información sobre la carta en el libro, permítele al animal hablarte sobre cualquier otra cosa más que quiera enseñarte. Además, puedes intuir cómo se aplica la lección a tu situación vital o a un problema determinado con el que te estés enfrentando.

La tirada del sendero

Otro método para usar las cartas es una antigua tirada que viene de un sistema druídico de adivinación. Esta tirada te da una información general sobre tu sendero en la vida. Las cartas se disponen como verás en la siguiente ilustración.

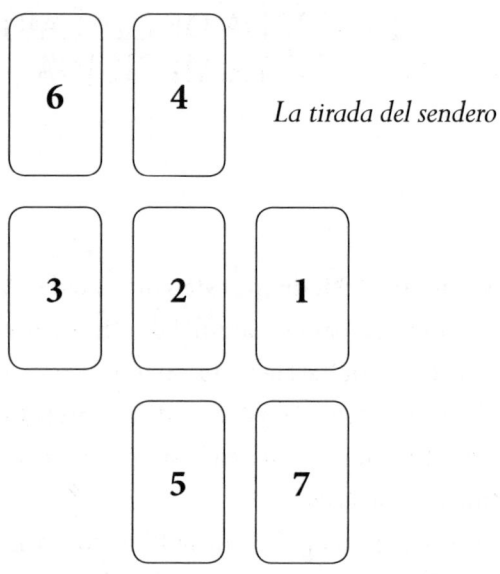

La tirada del sendero

Así es como se interpreta el significado de cada carta:

1. Tu pasado.
2. Tu presente.
3. Tu futuro.
4. El sendero o conjunto de lecciones vitales que aparecen en tu vida.
5. El reto que has superado o la lección que acabas de terminar.
6. Lo que juega a tu favor.
7. Lo que juega contra ti.

LA TIRADA DE LAS CARTAS DE LA MEDICINA

Al usar esta antigua tirada druídica puedes ver tu senda presente así como dónde has estado, a dónde vas, cuál es tu reto y qué has terminado.

LA TIRADA DE LA RUEDA DE LA MEDICINA

En la tirada de la Rueda de la Medicina, cada una de las cuatro direcciones revela ciertos aspectos de tu personalidad sobre los que debes reflexionar. También revela cómo estás aprendiendo de ti mismo, de otros y de los animales. La carta del centro es la posición de la Montaña Sagrada o del Árbol Sagrado.

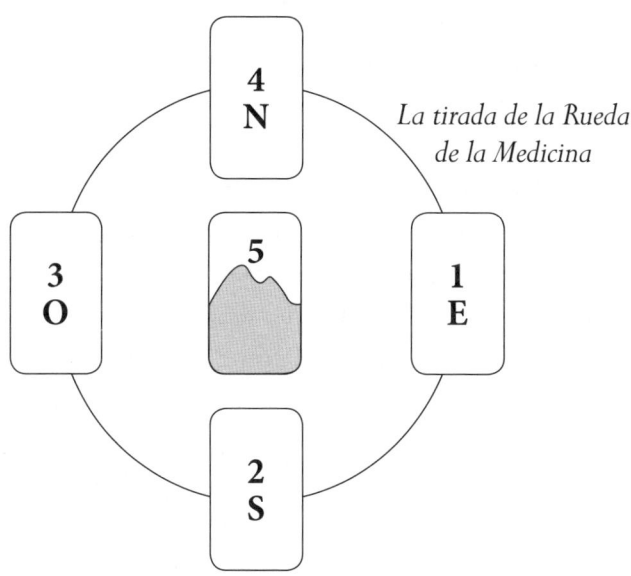

La tirada de la Rueda de la Medicina

1. **LA CARTA DEL ESTE:** la carta en esta posición revela dónde se encuentra tu fuerza espiritual, e indica la dirección que está tomando tu senda espiritual. Puede mostrar también tu mayor reto a la hora de ver claramente tu situación presente.

2. **La carta del Sur:** la carta en esta posición describe cómo su medicina animal está enseñando a tu niño interior, conforme tu yo adulto camina por la vida. Es lo que necesitas para creer en ti mismo y para nutrir tu proceso de crecimiento.
3. **La carta del Oeste:** la carta en esta posición te da la solución interna a las dificultades actuales de tu vida. Te indica dónde tienes que prestar atención a tus metas y cómo alcanzar el fin deseado.
4. **La carta del Norte:** la carta en esta posición te enseña cómo puedes aplicar e integrar espiritualmente las lecciones de las otras direcciones. La Medicina Animal de la carta que aparece en el Norte es la clave para caminar en la sabiduría, conociendo al maestro interno, y conectando con el propósito e intención de tu yo superior.
5. **La carta de la Montaña Sagrada:** la posición de la Montaña Sagrada te pide mirar al presente. En esta posición te encuentras, en cierto sentido, en el cruce de caminos de las realidades espirituales y físicas. Por tanto, esta carta te indicará cómo tus realidades espirituales y físicas se han fundido para producir el «tú» del momento presente. Como todo evoluciona, mañana este «tú» habrá crecido en comprensión y tu carta puede ser diferente. Al aceptar este presagio de quien eres en el presente, puedes ver lo que hay que cambiar o modificar, si estás equilibrado o alterado y si tienes que entrar en el silencio para encontrar respuestas.

La tirada del Tipi del Sol

Esta es otra tirada de cartas de la Rueda de la Medicina, que determina cómo te ven los demás. Es la tirada de las relaciones externas, y al usarla estás pidiéndoles a los poderes de la medicina que te digan cómo te percibe otra persona. Las cartas se reparten exactamente de la misma manera que en la tirada anterior, pero con esta diferencia: mientras las repartes tienes que mantener en tu mente la imagen de la persona sobre la que estás preguntando.

1. **La carta del Este:** esta carta es una indicación de cómo esa persona te ve espiritualmente.
2. **La carta del Sur:** esta carta te señala cómo te ve en relación con el mundo material.
3. **La carta del Oeste:** esta carta es una indicación de cómo es probable que actúe contigo en respuesta a tus deseos más profundos.
4. **La carta del Norte:** esta carta te muestra cómo la persona te ve intelectualmente.
5. **La carta central:** esta carta te revela la imagen global que probablemente tenga de ti. Sugiere cómo responderá inmediatamente a tu presencia.

La tirada del Tipi de la Luna
(*árbol interior para centrarse*)

«Hay más raíces que ramas», dicen los viejos sabios. Esta expresión resalta la importancia de conocer lo que yace bajo la superficie. La tirada del Tipi de la Luna es un espejo de tu propio inconsciente. El mundo te conoce externamente, pero solo tú puedes conocer las fuerzas que se mueven en las profundidades de tu ser. Por tanto, la tirada del Tipi de la Luna es una herramienta para ayudarte a descubrir lo que está oculto. Usándola, es posible rasgar el velo de mentiras y autoengaño que has estado empleando para frustrar tu crecimiento.

La tirada del Tipi de la Luna se dispone exactamente de la misma forma que en las tiradas previas de la Rueda de la Medicina.

1. **LA CARTA DEL ESTE:** en esta tirada, a esta carta se la conoce como la carta del espíritu que gira. Es la clave para liberar tu naturaleza espiritual y ver claramente tus talentos y capacidades espirituales.
2. **LA CARTA DEL SUR:** esta es la carta del nuevo crecimiento o carta semilla. En ella podrás ver posibles comienzos, ya sea en las relaciones personales o en cómo te relacionas con tu entorno. En la tirada del Tipi de la Luna esta carta puede revelar tus verdaderos sentimientos sobre alguien o algo. Mostrará tus emociones ocultas acerca de una persona u objeto.
3. **LA CARTA DEL OESTE:** esta es la carta del sueño dentro del sueño. Puede conducirte a tu verdadero propósito en la vida, de manera que estúdiala con atención. ¿Es tu sueño o visión un producto de tu ego superficial, o estás siendo realmente introspectivo y comprendiendo los propósitos que te sugiere tu yo superior? Es aquí en el Oeste donde te impregnas de tu verdadera misión vital.
4. **LA CARTA DEL NORTE:** esta carta indica la sabiduría interna que quizá no hayas reconocido en ti mismo. El Norte es el lugar de la sabiduría y el conocimiento; por tanto, si estás buscando respuestas fuera de ti, esta carta te empuja gentilmente a seguir la pista del animal para encontrar la misma sabiduría en tu interior. Estudiarla

con la idea de conocerte a ti mismo desvanecerá cualquier autoengaño que puedas tener.
5. **LA CARTA CENTRAL:** esta carta indica el punto de integración de todas las medicinas direccionales de tu inconsciente personal. Es el escudo de poder del Yo auténtico. Esta es la carta del círculo de conocimiento del Interior, la raíz principal de tu conciencia personal. Conoce tu Yo auténtico, el Interior, y nada de lo que esté fuera podrá nunca engañarte.

LA TIRADA DE LA MARIPOSA

Esta tirada se usa para determinar el resultado de proyectos o empresas de un grupo. Se sacan cuatro cartas y se colocan en las direcciones clásicas de la Rueda de la Medicina, es decir, Este, Sur, Oeste y Norte. Estas cartas te indicarán las diferentes fases que tu proyecto o actividad atravesará para llegar a su conclusión.

1. **LA CARTA DEL ESTE:** esta carta se conoce como la carta del Huevo o la posición del Huevo. Deberías verla como el núcleo o la semilla de tu idea, proyecto o actividad. Permite que su medicina entre en contacto con el concepto de tu empresa. Te sugerirá el valor del núcleo interno de tu plan. ¿Es la medicina que necesitas en este momento o lugar?
2. **LA CARTA DEL SUR:** a esta carta se la conoce como la carta de la Larva o la posición de la Larva. Habla de la acción inicial. ¿Qué es lo que hay que hacer, y cómo se hará, en el mundo práctico? ¿Quién asumirá la responsabilidad de este trabajo? Lo mismo que un huevo de mariposa primero se transforma en una oruga que crece y lucha

por sobrevivir, esta es la medicina de la carta de la Larva. ¿Serán las energías lo suficientemente fuertes como para superar los obstáculos? La oruga cambia de piel muchas veces durante su crecimiento. ¿Cederán (mudarán la piel) los múltiples egos implicados en tu proyecto o actividad con objeto de facilitar el éxito?

3. **La carta del Oeste:** esta carta es conocida como la carta del Capullo o la posición del Capullo. Habla de un propósito superior. Aquí es donde la transformación superior tiene lugar, del mismo modo en que la transformación sucede en el interior del capullo y muy pronto emerge de él una bella mariposa. Al ver esta carta es conveniente que te preguntes por qué te has unido a la actividad o al proyecto que estás contemplando. ¿Era para servir al Gran Espíritu y la tribu, o tal vez para servirte a ti mismo? Si tu actividad o proyecto eran solo para servir a tus propios intereses, lo más seguro es que esto te

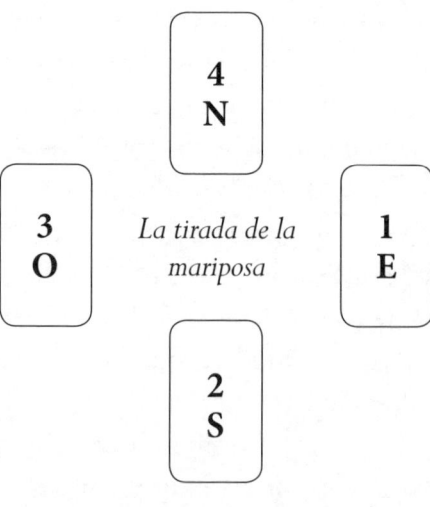

La tirada de la mariposa

LA TIRADA DE LAS CARTAS DE LA MEDICINA

pase factura. No es a ti sino a la familia, al clan, a la gente y al Gran Espíritu a quien hay que servir.

4. **LA CARTA DEL NORTE:** a esta carta se la conoce como la carta de la Mariposa o la posición de la Mariposa. Es probable que te diga si el Gran Espíritu ha caminado de la mano contigo y con tu grupo o proyecto. Mírala para saber qué tipo de recompensas se pueden obtener. ¿Te corresponderán beneficios económicos? Puede parecerte raro mirar hacia el Norte (el Espíritu) para conocer esta respuesta. Pero como cualquier persona medicina (chamán) te señalará, *la materia sigue a la visión y al espíritu.* Es la ley. Esta carta es el lugar de la manifestación.

TIRADA DEL PADRE CIELO/MADRE TIERRA

Esta tirada es un método para equilibrarte en los momentos agitados cuando sientes la necesidad de salir de la confusión.

Todo ser tiene dos caras en su personalidad: el lado o yo femenino, y el lado o yo masculino. Tu lado masculino es la energía del guerrero: no una energía de guerra, sino más bien una energía demostrativa. Es tu perfil que tiene la valentía de

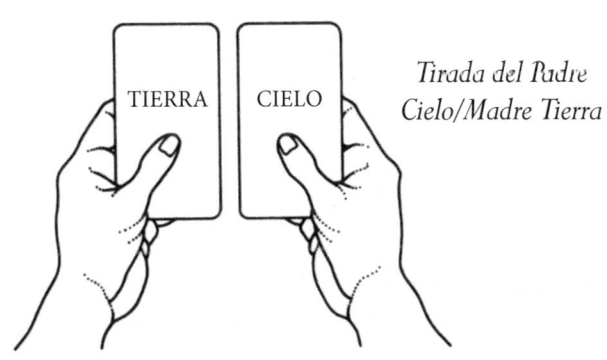

Tirada del Padre Cielo/Madre Tierra

avanzar, la parte de tu ser que es el protector de todo lo que creas. Tu parte masculina decide ir hacia delante en el mundo y busca la aventura o poner ideas en acción. Puede ser el padre interior que está siempre ahí para enseñarte y consolarte. Puede también ser el hombre medicina interior que sabe cómo sanarte con sus métodos chamánicos. El Padre Cielo tiene relación con el lado derecho del cuerpo, que está controlado por el cerebro izquierdo, o lado analítico de la mente. La carta del Padre Cielo es la encarnación presente de estos aspectos de ti mismo.

El lado de la Madre Tierra es el izquierdo, el lado femenino, que está regido por el hemisferio derecho, o área intuitiva de la mente. El lado femenino receptivo de tu naturaleza sabe cómo permitir la manifestación de la vida y cómo recibir bondad a través del proceso de darle a todo su tiempo. Es la energía de la diosa, el alma, la madre interior, la mujer sabia y la hechicera, así como la niña pequeña. La carta de la Madre Tierra es el lado maternal que alberga la fuerza creativa. Dentro del Gran Misterio existen todas las cosas. Las ideas que serán realidad y tienen una forma material son todas semillas del tiempo/espacio del lado intuitivo de tu naturaleza. La energía femenina puede ser misteriosa porque está constantemente dando luz a nuevas ideas y formas de vida; de ahí la adaptabilidad de la mujer. Esta carta es tu naturaleza creativa y tu capacidad de recibir esas ideas del Gran Misterio.

Para usar esta tirada, solo tienes que elegir una carta con la mano derecha y otra con la izquierda. Sostenlas delante de ti y céntrate en el equilibrio de tu yo masculino (derecha) y tu yo femenino (izquierda). Este proceso de observar la conexión, o falta de conexión, entre tus lados masculino y femenino te ayudará a equilibrar la energía entre ellos. También es posible equilibrar la energía del cuerpo colocando estas dos cartas frente a ti la una al lado de la otra, o sobre la frente, si estás acostado.

Puedes invocar la medicina de las criaturas, de una en una, para ayudar a equilibrar en tu interior el lado masculino y el femenino. Asegúrate de entrar en el silencio y permitir que los animales le hablen a tu corazón. Puede que no escuches palabras pero veas imágenes en tu interior. También es posible que sencillamente sientas cómo se mueve y equilibra tu energía. Todas estas sensaciones, y otras muchas más, son posibles. Todas son correctas. Cualquier cosa que sientas, huelas, toques, escuches o adivines es tu manera de comprender. Estás desarrollando tus dotes intuitivas, y estas dotes seguirán creciendo y cambiando a medida que aprendes a creer en tus sensaciones y a *saber*.

Nota: por favor, acuérdate de sacar de la baraja cualquier carta con escudo en blanco que no hayas rellenado antes de hacer algunas de las tiradas.

Las cartas invertidas

Encontrarse una carta invertida en la tirada indica un desequilibrio en la medicina de esa carta. Su posición en la tirada te dará más información acerca de su significado. Si deseas sanar este estado pero en ese momento no sabes cómo corregir el desequilibrio y restaurar la armonía, selecciona otra carta y colócala al lado de la invertida.

Por ejemplo, si sacas el Coyote invertido, la carta más contraria de la baraja, y no consigues entender lo que te está indicando que hagas, pídeles a las cartas que te guíen para seleccionar otra carta. Colócala junto a la invertida. Quizá saques el Antílope invertido. Esto significaría que la respuesta es una acción inadecuada. O si sacas la Mofeta, implicaría que estás malinterpretando indicios relacionados con tu reputación y tal vez hayas llegado a una conclusión errónea sobre lo que otros piensan acerca de ti.

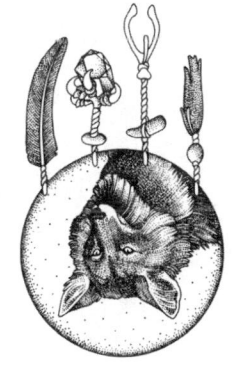

Tras practicar usando este método con cada carta invertida, podrás interpretar correctamente la propia energía para restaurar la armonía de cualquier desequilibrio que encuentres.

Las cartas con escudos en blanco

En la baraja de las Cartas de la Medicina hay nueve cartas que tienen los escudos en blanco. Si sientes una fuerte afinidad con un animal determinado que no ha sido incluido en la baraja, ya sea un elefante, un flamenco, una trucha, una cabra, etc., te recomendamos que escribas el nombre de dicho animal en el círculo de uno de estos escudos. Este nombre escrito conecta la carta con el espíritu del animal a través del principio de la radiónica o vibración. Aun mejor, pega en la carta un dibujo de tu animal especial procurando no salirte de los límites del círculo del escudo. Entonces podrás añadir esta carta (o cartas) a la baraja o llevarla contigo como un talismán.

El mismo método puede usarse para crear un escudo del Yo, que puede agregarse a la baraja. También puedes guardarlo aparte para usarlo como carta de la Montaña Sagrada o carta central en una tirada, para designar tu energía. Usa tu

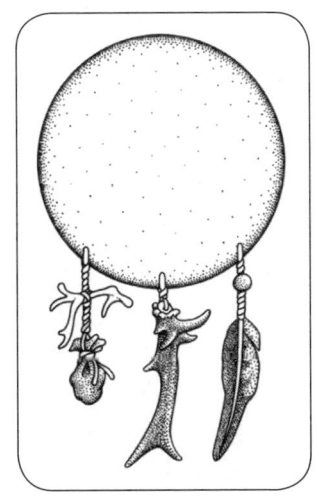

talento artístico. Crea un *collage* utilizando dibujos de los objetivos concretos que quieres en tu vida. Lleva esta carta contigo, preferiblemente sobre el corazón o cerca de él. Trabaja con ella en tu altar personal.

    Usa las nueve cartas en blanco para tus nueve animales totémicos. Colócalas en las nueve direcciones o construye un poste totémico con ellas. Crea escudos para cada miembro de tu familia. También para puntos de poder o lugares significativos en tu vida. Quizá quieras ir de vacaciones. Pega una imagen de la Torre Eiffel dentro de un escudo. Luego invoca a los poderes animales de las cuatro direcciones y pídeles ayuda para manifestar lo que quieres. Lo mismo se puede aplicar a una casa o un coche o cualquier otra cosa que puedas necesitar. Sin embargo, si estás trabajando con las Cartas de la Medicina para manifestar tus deseos íntimos, o para crear otra realidad para ti mismo o para alguien más, nunca trates de conseguir a alguien que esté casado o algo que pertenezca a otro. Puedes desear algo parecido, pero nunca aquello que pertenece a otro. No violes la ley de causa y efecto. Estas cartas no fueron creadas para ayudar a quienes quieren destruir la creación de otro.

    Los escudos en blanco también pueden usarse para crear una carta del Aliado. Si realizas trabajo chamánico y has encontrado a tu Aliado en otros niveles de conciencia, puedes crear una carta del Aliado para tu uso personal. Un Aliado es cualquier alianza particular que tengas con las Criaturas, la Gente de Piedra, la Nación Estelar, los Seres con Aletas, los Seres Reptantes, la Gente de Pie (los árboles) o cualquier otro ser viviente de la naturaleza. Un Aliado es tu maestro y tu guardián, un ser que te enseña las lecciones de los mundos físicos y de los invisibles. En el transcurso de tu vida puede que aparezcan y desaparezcan muchos Aliados.

Como puedes ver, los escudos en blanco pueden usarse de un sinfín de maneras. Si trabajas con la energía de un dios o una diosa, puedes crear una carta para ellos y emplearla en la baraja y como talismán. Usa tu creatividad y tu talento. Medita sobre el escudo en blanco y fíjate en lo que viene a ti. Puede que te sorprendas. El escudo en blanco puede actuar como el Gran Espejo Ahumado y reflejar lo que hay en tu interior, tus deseos, metas, sueños, poder o personalidad. A veces el vacío del escudo en blanco te brindará una visión de lo que se encuentra bajo la superficie de la conciencia. Disfruta del viaje de vacío en este proceso, y la satisfacción se transformará en pura creatividad.

Las Cartas
de la Medicina

Águila…
Vuela alto,
toca al Gran Espíritu.

Comparte tu medicina,
tócame, hónrame,
para que yo también pueda conocerte.

1
El Águila
El espíritu

La Medicina del Águila es el poder del Gran Espíritu, la conexión con la Divinidad. Es la capacidad de vivir en el mundo del espíritu, y sin embargo, seguir conectado y equilibrado con el mundo de la Tierra. El águila se eleva, y observa fácilmente la magnitud de la vida en su conjunto. Desde las alturas de las nubes, está cerca de los cielos donde mora el Gran Espíritu.

Las plumas del águila se consideran el objeto de sanación más sagrado. Los chamanes las han usado durante siglos para limpiar el aura de los enfermos que vienen a ellos para curarse. En de los sistemas de creencias de las tribus indígenas norteamericanas, el águila representa un estado de gracia alcanzado mediante el esfuerzo, la comprensión y la superación de pruebas de iniciación que dan como resultado la obtención del poder personal. Solo superando la prueba de pasar por los altibajos de la vida y la de confiar en la propia conexión con el Gran Espíritu, obtiene uno *el derecho* a usar la esencia de la Medicina del Águila.

Si has sacado este símbolo, el águila te recuerda que te animes y hagas acopio de valor, porque el universo te está regalando una oportunidad de elevarte sobre los niveles mundanos de tu vida. El poder de reconocer esta oportunidad puede venir en la forma de una prueba espiritual. Con inteligencia, podrás reconocer las partes de tu alma, tu personalidad, tus emociones o tu mente que hay que estimular o pulir. Al mirar al conjunto de las cosas, el Águila te enseña a ampliar tu sentido del yo más allá del horizonte de lo que en estos momentos es visible.

Aprendiendo a atacar fieramente a tu miedo a lo desconocido, las alas de tu alma contarán con el apoyo de las eternas brisas que son el aliento del Gran Espíritu.

Alimenta tu cuerpo, pero es aun más importante que alimentes tu alma. Dentro del mundo de la Madre Tierra y del Padre Cielo, la danza que te lleva a alzar el vuelo implica la conquista del miedo y la voluntad de tomar parte en la aventura que estás co-creando con la Divinidad.

Si el Águila ha volado majestuosamente a tus cartas, se te está emplazando a reconectar con el elemento aire. El aire es del plano mental, y en este caso pertenece a la mente superior. La sabiduría aparece en formas extrañas y curiosas, y está siempre relacionada con la fuerza creativa del Gran Espíritu.

Si has estado caminando por las sombras de las antiguas realidades, el Águila te brinda iluminación. Te enseña a elevar la mirada y a tocar al Abuelo Sol con tu corazón, a amar la sombra y la luz. Ve la belleza en ambos, y volarás como el águila.

La Medicina del Águila es el regalo que nos damos a nosotros mismos para recordarnos la libertad de los cielos. El Águila te pide que te des permiso para legitimar la libertad y seguir la alegría que desea tu corazón.

Invertida

Si has sacado la carta del Águila invertida, has olvidado tu poder y tu conexión con el Gran Espíritu. Puede que no hayas reconocido la luz que está siempre presente para quienes buscan la iluminación. Sana tus alas rotas con amor. Amarte a ti mismo como te ama el Gran Espíritu es la lección que te brinda el Águila invertida.

A cierto nivel, el Águila te está diciendo que busques un terreno más alto para construir tu nido. El nido es el hogar del corazón y no puede permanecer en una ciénaga. Si tu nido está en una ciénaga, esto puede tener que ver con tu creencia de que tienes las alas cortadas por una imposibilidad en tu estado actual.

El nido del águila se encuentra en lo alto de las montañas, donde el aire es puro y el movimiento libre. Puede ser tu momento para emprender la búsqueda de una visión y así poder comunicarte con el Gran Espíritu. Ayunar y rezar te brindará con certeza la respuesta. Persigue ideales elevados, y la iluminación estará al alcance de tu mano.

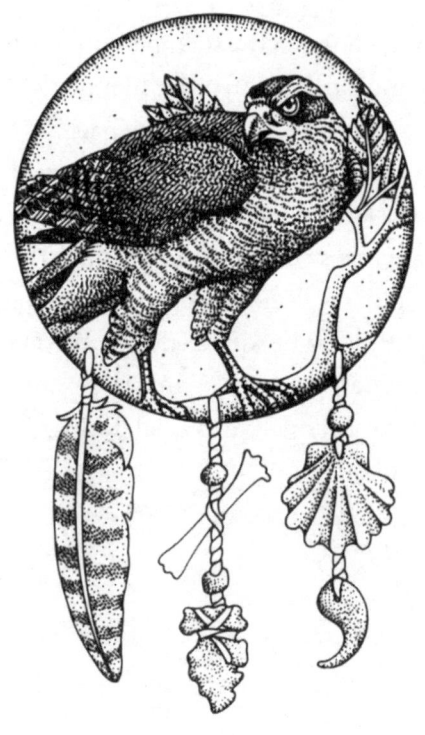

Halcón…
Mensajero de los cielos,
vuela en círculo sobre mis sueños y enséñame
el mensaje mientras volamos.

2
El halcón
El mensajero

El halcón se asemeja a Mercurio, el mensajero de los dioses. La Medicina del Halcón te enseña a ser observador, a mirar lo que te rodea. En todo lo que haces observa lo obvio. La vida te está mandando señales.

La vida *es* la iniciación. Si has sacado la carta del Halcón, justo ahora te acaba de llegar una pista que te habla de la magia de la vida. Esta magia puede imbuirte con el poder de superar una situación que en estos momentos es estresante o difícil. La prueba es tu capacidad de observar los matices del poder que acecha cerca de ti. ¿Este poder es un talento que tienes y no estás usando? ¿Las soluciones son siempre difíciles de encontrar porque has perdido la amplia visión del halcón? ¿O el Gran Espíritu está mostrándote un regalo que solo tienes que recibir? ¿Los colores de la mañana te han inspirado a crear? ¿O la pesadumbre de una situación actual te ha dejado incapaz de alzar el vuelo, incapaz de escuchar la voz de las gotas de lluvia que golpean tu ventana? ¡Presta atención! Eres poderoso solo en la medida de tu capacidad para percibir, recibir y usar tus habilidades.

Lo que se requiere aquí es la capacidad intuitiva de discernir el mensaje que transmite el graznido del halcón. La estridencia de su llamada perfora el estado de inconsciencia y te pide que busques la verdad.

Los antiguos reconocían esta magnífica ave de presa como un mensajero que les traía noticias a su Caminar por la Tierra, en el Buen Camino Rojo, del mundo de los abuelos y las abuelas que vivieron antes que ellos. Si el halcón graznaba mágicamente, era una señal para tener precaución o estar alerta. Esta señal podía marcar la llegada de una tribu guerrera, el nacimiento de un niño o la celebración de un acto de valentía en el combate. El grito del halcón señalaba la necesidad de que el observador elevara su conciencia y recibiera un mensaje.

La Medicina del Halcón es un tótem que está repleto de responsabilidad porque la gente Halcón tiene una visión global. El Halcón no es como el Ratón, que todo lo ve a través de una lente de aumento. La gente de la Medicina del Halcón es consciente de los presagios, los mensajes del espíritu y el color de la tarjeta que les diste hace tres meses. Ningún detalle les pasa inadvertido.

Si el Halcón ha trazado un círculo en las alturas y ha aterrizado en tu tirada de cartas, tienes que ser consciente de las señales que se presenten en tu vida; por tanto, obsérvalas y recíbelas. El Halcón puede estar enseñándote a atrapar una oportunidad que está viniendo hacia ti. Por otro lado, puede estar trayéndote el mensaje de que deberías volar en círculos sobre tu vida y examinarla desde una perspectiva más alta. Desde este punto de vista, tal vez puedas discernir los peligros que te impiden tener libertad de vuelo. Recuerda: el halcón tiene una mirada aguda y un corazón osado, porque vuela cerca de la luz del Abuelo Sol.

Invertida

Si has sacado el Halcón invertido, puede ser que hayas cerrado tus poderes de observación a algún nivel. Si algo en tu vida se ha vuelto demasiado doloroso para sentirlo, demasiado increíble para escucharlo o demasiado oscuro para verlo, ha llegado el momento de examinar el punto en el cual decidiste implicarte emocionalmente, dejando de ser el observador. Cuando permites que tus emociones anulen tus percepciones, el mensaje del Halcón no puede penetrar en el caos y en la confusión. En este punto, se te pide que seas consciente de la posición neutral del observador honesto, que permite que el mensaje se entienda intuitivamente y con claridad, sin que la emoción coloree su verdadero significado.

Añadirles un colorido emocional a las experiencias es una tendencia de la gente de la Medicina del Halcón cuando está descentrada. Sus emociones oscurecen su visión y conducen a un aterrizaje forzoso. El ego puede cortar las alas y dejar al halcón en tierra. Además, si el halcón cree que quienes no pueden volar de la misma manera que él lo hace tienen percepciones más débiles que el mensajero alado, no ha entendido su propia medicina.

La libertad de volar es un privilegio, y ser un mensajero constituye un honor. La responsabilidad de entregar el mensaje depende de ti. Emprende el vuelo y olvídate de interpretar el presagio a tu manera. Deja que quien lo recibe decida lo que el mensaje significa. Después de todo, a menos que haya sido mandado específicamente para ti, lo estarías manipulando.

El Halcón en la posición invertida te enseña a:

1. Abrirte a los poderes de la observación.
2. No decir a otros cómo pensar o comportarse.
3. Cuidar de tu propia carga emocional antes de empezar a recibir presagios, visiones o mensajes.
4. Recordar que todos los dones son iguales a los ojos del Gran Espíritu.

Alce…
Tus astas se elevan hacia el sol.
Muéstrame que fuerza
y resistencia son una misma cosa.

3
El Alce

La resistencia

El alce vagó por el bosque buscando una pareja. La temporada de apareamiento estaba en su apogeo, y los machos que normalmente viajaban juntos se habían dispersado para encontrar pareja para la temporada. Cuando el alce hizo su llamada de apareamiento a través del bosque, su bramido alertó al puma de que tal vez se acercara un festín.

El puma rodeó al alce, acercándose poco a poco a su presa. El alce sintió el peligro inminente cuando el bosque quedó repentinamente en silencio. Escapó por las tierras altas cuando divisó a su perseguidor, aunque el puma estaba muy atrás. Cuando el alce se lanzó a correr hacia donde empezaba la vegetación, el puma se acercó a él, pero el alce siguió corriendo hacia delante, mostrando una gran resistencia. Finalmente el puma se rindió tras haber consumido su energía saltando sobre las rocas intentando alcanzar al alce. Este administró sus fuerzas, avanzando mientras subía la montaña hacia el cielo en dirección a las tierras altas. Su única defensa es su capacidad para recorrer distancias, a un paso que le permite sacar el máximo partido a su resistencia y su energía.

La Medicina del Alce enseña que controlar tu ritmo aumentará tu resistencia. Puede que la gente de la Medicina del Alce no sea la primera en llegar a la meta, pero siempre llega sin agotarse. Si últimamente estás muy ocupado, podría ser una buena idea ver cómo te planteas concluir lo que has empezado sin terminar en el hospital.

Los alces tienen una clase de energía de guerrero única porque, excepto durante la época del apareamiento, prefieren la compañía de miembros de su propio sexo. Utilizan la medicina de la fraternidad. Al descubrir la fuerza que surge de amar a miembros de tu propio sexo, sentirás la camaradería fruto de compartir una experiencia similar. Esta es una medicina especial que permite que la amistad con otros de tu mismo sexo supere los posibles celos y la competitividad.

Si has sacado la Medicina del Alce, puede que te estés diciendo a ti mismo que durante un tiempo deberías buscar la compañía de individuos de tu propio sexo. Quizá te haga falta tener un grupo de apoyo para realinearte con la resistencia de la energía del guerrero de la que formas parte. Esta comunicación con los otros miembros de tu propio sexo te permite airear de forma segura tus sentimientos y recibir la retroalimentación de quienes han pasado por las mismas experiencias. Puede que necesites un nuevo sentimiento de comunidad, de comunicación en unidad.

El alce también puede estar diciéndote que prestes atención a cómo te estás exponiendo físicamente al estrés de tu vida, y que bajes el ritmo para poder mantener un equilibrio de energía durante la distancia que tienes previsto cubrir. Quizá la solución se encuentre en tomar vitaminas o alimentos de alto valor energético, además de dedicarte algún tiempo a ti mismo para disfrutar de la tranquilidad y reponerte.

INVERTIDA

Si el Alce ha aparecido en la posición invertida, puede que estés forzando tanto una situación que esta esté a punto de estallar. Ten cuidado con los niveles excesivos de estrés, o podrías crear una enfermedad para forzarte a tomar un descanso.

Quizá, a otro nivel, no estés honrando tu deseo de compañía con el sexo opuesto, y puede que hayas olvidado la excitación de la época de apareamiento. Si este es el caso, puedes descubrir que la mejor opción que tienes es invitar a amigos del sexo contrario a cenar o a salir una tarde. Esto no significa que tengas que estar interesado sexualmente en estos amigos; tan solo sugiere que el intercambio de energías opuestas podría ser enriquecedor.

Si tienes una relación, puede ser que la luna de miel se esté terminando y que necesites añadir un poco de emoción. Crear de vez en cuando un «cambio de ritmo» es el tipo de energía necesario para hacer durar cualquier relación.

En todos los casos el Alce te está diciendo que prestes atención a cómo decides crear tu senda actual y a cómo pretendes perpetuarla para alcanzar tu meta. Tu mejor arma es la misma que la del alce: detenerte cuando tengas que hacerlo, seguir cuando sea necesario y permitir un espacio para intercambiar energías.

Ciervo…
Tan gentil
y cariñoso eres…
La flor de la ternura,
un abrazo en la distancia.

4
El ciervo
La gentileza

Un día una cervatilla oyó cómo el Gran Espíritu la llamaba desde la cumbre de la Montaña Sagrada. El ciervo empezó inmediatamente a seguir el sendero. No sabía que un demonio espantoso guardaba el camino hasta el tipi del Gran Espíritu. El demonio trataba de impedir a todos los seres de la creación que conectaran con el Gran Espíritu. Quería que todas las criaturas del Gran Espíritu sintieran que este no deseaba que le molestaran. Esto hacía que el demonio se sintiera poderoso y capaz de provocarles miedo con su presencia.

La cervatilla no sintió ningún temor cuando se encontró con el demonio. Esto era curioso, porque el demonio era el arquetipo de todos los monstruos horribles que han existido jamás. Respiraba fuego y humo y hacía un sonido espantoso para asustarla. Cualquier criatura normal habría huido o se habría muerto de miedo allí mismo.

Sin embargo, la cervatilla le dijo gentilmente al demonio:

—Por favor, déjame pasar. He venido a ver al Gran Espíritu.

La mirada del pequeño animal estaba llena de amor y compasión por ese gigantesco demonio bravucón. El demonio estaba asombrado por la ausencia de miedo de la cervatilla. Por más que lo intentó, no podía asustarla, porque su amor había penetrado su corazón desagradable y endurecido.

Muy a pesar del demonio, su corazón duro como la piedra empezó a derretirse, y su cuerpo se encogió hasta el tamaño de una nuez. El amor persistente de la cervatilla y su gentileza habían hecho que el demonio se derritiera. Gracias a esta gentileza y cariño que encarna el ciervo, la senda está ahora despejada para que todos los hijos del Gran Espíritu alcancen la Montaña Sagrada sin tener que sentir a los demonios del miedo bloqueando su camino.

El Ciervo nos enseña a usar el poder de la amabilidad para tocar los corazones y las mentes de los seres heridos que están tratando de mantenernos alejados de la Montaña Sagrada. Como el moteado de la piel del ciervo, tanto la luz como la oscuridad pueden amarse para crear gentileza y seguridad para quienes buscan la paz.

Si el Ciervo se ha abierto hoy camino en tus cartas, se te está pidiendo que descubras la gentileza de espíritu que sana todas las heridas. Deja de esforzarte tanto en hacer que los demás cambien, y ámalos como son. Emplea la amabilidad en tu situación actual, y sé cálido y amable como la brisa de verano. Esta es tu herramienta para resolver el dilema al que te enfrentas. Si la usas, te conectará con la Montaña Sagrada, tu lugar de la serenidad, y el Gran Espíritu te guiará.

Invertida

El Ciervo en posición invertida indica que estás invitando a tu miedo, luchando contra los demonios internos de las ideas negativas. Esta es una pista de que la fuerza no es siempre el mejor método. Quizá no te ames a ti mismo lo suficiente como para sentir tus miedos y soltarlos. Puede que los estés proyectando en otros. También puede ser que otros a quienes temes te recuerden un tiempo en el que reaccionabas a la vida de una manera muy parecida. En cualquier caso, el amor es la clave. Lo único que equilibra a la fuerza es el amor y la compasión del Ciervo. Si estás dispuesto a ver amor en ti y en los demás, tus demonios se desvanecerán. Tu miedo no puede existir en el mismo lugar en el que residen el amor y la amabilidad.

Recuerda que el Ciervo puede enseñarte muchas lecciones sobre el amor incondicional. El amor incondicional significa dar sin esperar nada a cambio. La amabilidad del ciervo es el espacio del corazón del Gran Espíritu que encarna su amor hacia todos nosotros.

*Oso…
Invítame a la cueva,
donde el silencio envuelve
las respuestas que nos das.*

5
EL OSO

LA INTROSPECCIÓN

La fuerza de la Medicina del Oso es el poder de la introspección. Se encuentra en el Oeste de la gran Rueda de la Medicina de la vida. El oso busca miel, o la dulzura de la verdad, dentro del hueco de un viejo árbol. En el invierno, cuando gobierna la Reina de Hielo y el rostro de la muerte cae sobre la tierra, el oso entra en la cueva-útero para hibernar, para meditar sobre las experiencias que ha vivido a lo largo del año. Se dice que nuestras metas también residen en el Oeste. Para alcanzar nuestros objetivos y nuestros sueños tenemos que practicar el arte de la introspección.

Para volvernos como el Oso y entrar en la seguridad de la cueva-útero, debemos sintonizar con las energías de la Madre Eterna y recibir sustento a través de la placenta del Gran Vacío. El Gran Vacío es el lugar donde todas las soluciones y todas las respuestas viven en armonía con las preguntas que ocupan nuestras realidades. Si elegimos creer que hay muchas preguntas en la vida, debemos también creer que las respuestas a estas preguntas residen en nosotros mismos. Todos los seres tenemos la capacidad de tranquilizar la mente, entrar en el silencio y *saber*.

Muchas tribus han llamado a este espacio de conocimiento interior el Tipi de los Sueños, donde la muerte de la ilusión de la realidad física nos muestra la magnitud de la eternidad. Es en el Tipi de los Sueños donde nuestros ancestros se sentaban en consejo y nos asesoraban con respecto a las sendas alternativas para llegar a nuestras metas. Este es el poder del Oso.

La energía femenina receptiva que durante siglos ha permitido a visionarios, místicos y chamanes profetizar forma parte de esta energía tan especial del Oso. En India, la cueva significa la cueva de Brahma. Se considera que la cueva de Brahma es la glándula pineal, situada en el centro de los cuatro lóbulos del cerebro.

Si nos imagináramos una vista general de la cabeza, la parte superior sería un círculo. El Sur sería la frente; el Norte, la parte posterior del cráneo; el Oeste, el hemisferio derecho, y el Este, el hemisferio izquierdo.

El Oso está en el Oeste, el lado intuitivo, el hemisferio derecho. Para hibernar, el Oso viaja hasta la cueva, que es el centro de los cuatro lóbulos, donde reside la glándula pineal. En la cueva busca las respuestas mientras hiberna. Luego renace en la primavera, abriéndose como las flores en esta estación.

Desde tiempo inmemorial todos los buscadores del Tiempo del Sueño y de las visiones han caminado por la senda del silencio, serenando la charla interior, alcanzando el lugar de los ritos de iniciación. Desde la cueva del Oso, descubres la senda hacia el Tipi de los Sueños y los otros niveles de imaginación o conciencia. Al elegir esta carta, el poder del conocimiento te ha invitado a entrar en el silencio y a conocer el Tipi de los Sueños, para que tus metas puedan convertirse en realidades concretas. Esta es la fuerza del Oso.

Invertida

Si has sacado el Oso invertido, puede que tu diálogo interno haya alterado la percepción de tus verdaderos objetivos. Al buscar respuestas o consejos de otros, has dejado a un lado tus propios sentimientos y conocimiento. Ha llegado el momento de recuperar tu autoridad, porque nadie sabe mejor que tú lo que es apropiado y oportuno para tu evolución. Reclama el poder de saber. Descubre la dicha en el silencio y la riqueza del útero de la Madre. Deja que los pensamientos de confusión sean enterrados cuando la claridad emerge del Oeste, alimentando tus sueños como la Madre Tierra nos alimenta a todos.

El Oso en posición invertida te está enseñando que solo siendo tu propio consejero puedes alcanzar tus verdaderas metas. Conformarse con hacer algo menos que lo que te da más alegría es una negación. Para ser feliz tienes que conocerte a ti mismo. Conocerte es conocer tu cuerpo, tu mente y tu espíritu. Usa tus fuerzas para superar tus debilidades y saber que ambas son necesarias en tu evolución.

Ve con el Oso a la quietud de tu cueva e hiberna en silencio. Sueña y sé el amo de tus sueños. Solo entonces, con esa fuerza, estarás listo para descubrir la miel que te espera en el Árbol de la Vida.

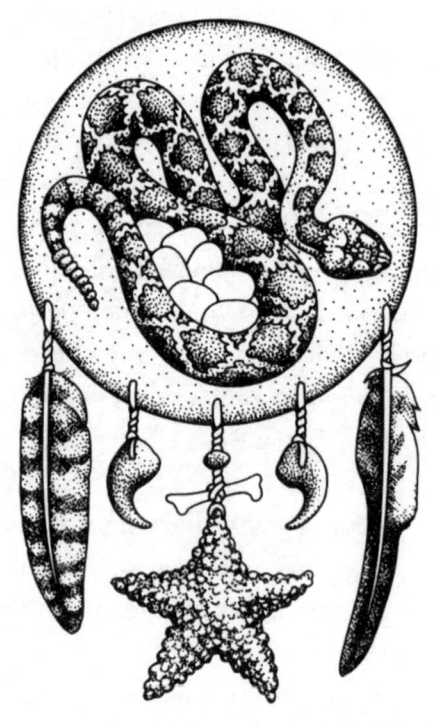

Serpiente…
Ven reptando,
hay fuego en tus ojos.
Muérdeme, estimúlame,
aprenderé a entender.

El veneno transmutado
de la llama eterna.
Ábreme al cielo,
para sanar de nuevo.

6

LA SERPIENTE

LA TRANSMUTACIÓN

Hay pocos practicantes de la Medicina de la Serpiente. Su iniciación implica experimentar múltiples mordeduras de serpiente, lo que permite transmutar todos los venenos, ya sean mentales, físicos, espirituales o emocionales. El poder de la Medicina de la Serpiente es el poder de la creación, porque encarna la sexualidad, la energía psíquica, la alquimia, la reproducción y la ascensión (o inmortalidad).

La transmutación del ciclo de vida-muerte-renacimiento está ejemplificada por la muda de la piel de la serpiente. Es la energía de la totalidad, la conciencia cósmica y la capacidad de experimentar cualquier cosa de buen grado y sin resistencia. Es el conocimiento de que en la creación todo es importante, y que aquello que podríamos experimentar como venenoso puede comerse, digerirse, integrarse y transmutarse si nos encontramos en el estado mental apropiado. Thoth, el atlante, que más tarde regresó como Hermes y fue el padre de la alquimia, usaba la simbología de las dos serpientes enroscándose en una espada para representar la curación. La completa comprensión y aceptación del lado masculino y femenino de cada organismo crea una fusión de los dos en uno, produciendo por tanto energía divina.

Esta medicina te enseña a un nivel personal que eres un ser universal. Al aceptar todos los aspectos de tu vida, puedes generar la transmutación de la medicina del fuego. Esta energía del fuego, al funcionar en el plano material, crea pasión, deseo, procreación y vitalidad física. En el plano emocional, se convierte en ambición, creación, resolución y sueños. En el plano mental se torna en intelecto, poder, carisma y liderazgo. Cuando esta energía de la serpiente alcanza el plano espiritual, se transforma en sabiduría, comprensión, integridad y conexión con el Gran Espíritu. Si has elegido este símbolo, existe en ti una necesidad de transmutar algún pensamiento, acción o deseo para que se pueda alcanzar la integridad. Esto es auténtica magia, pero recuerda, la magia no es más que un cambio de conciencia. Transfórmate en el mago o en la hechicera: transmuta la energía y acepta el poder del fuego.

Invertida

Si has sacado este símbolo invertido, quizá hayas elegido enmascarar tu capacidad de cambiar. Contempla la idea de que es posible que te dé miedo modificar tu estado actual porque esto puede traer consigo pasar por un breve período de incomodidad. ¿Es esta incomodidad lo que te impide asumir el punto de vista del mago interno? ¿Es el viejo modelo seguro, confiable, y rutinario? Con el fin de deslizarte más allá de ese lugar que se ha vuelto seguro pero improductivo, vuélvete una serpiente. Despréndete de la piel superficial de tu identidad actual. Atraviesa esa ilusión parecida al sueño que insistió en mantener una continuidad estática y descubre un nuevo ritmo conforme tu cuerpo se desliza por las arenas de la conciencia, como un río serpenteando hacia las grandes aguas del mar. Sumérgete en esa agua, sabiendo que esa gotita que representas es aceptada por la totalidad.

Siente el ritmo de la serpiente y danzarás libremente, incorporando estas fuerzas transmutadoras del universo como parte de tu sensual danza de poder.

Mofeta…
Cuéntame el cuento,
para que aprenda bien
cómo atraer
y cómo repeler.

7
LA MOFETA

LA REPUTACIÓN

¡Medicina de Mofeta! Puedes reírte, si quieres. Este pequeño animal peludo tiene una reputación que le concede una gran cantidad de poder. Debido a su comportamiento característico, los seres humanos no se acercan a esta criatura diminuta y maloliente. La palabra clave aquí es «respeto».

Al contrario que otros animales predadores, la mofeta no amenaza tu vida, pero pone en peligro tus sentidos. Sabrás que esto es cierto si alguna vez has estado cerca de su rociada. Al observar las pautas de los hábitos de la mofeta, es fácil notar que su comportamiento natural es juguetón y despreocupado. La actitud de «desafío» de esta criatura de cuatro patas te obliga a ti, como observador, a respetar su espacio únicamente por su reputación.

La mofeta te está enseñando que solo con ser coherente con lo que dices y haces y respetarte a ti mismo, crearás una posición de fuerza y de buena reputación. La forma en que te mueves comunica a los demás lo que piensas de ti mismo. Cuando tu sentido del «yo» está intacto, no hace falta abusar de nadie, atormentarlo, irritarlo o avasallarlo. Como sucede con la mofeta, el resonante campo de energía alrededor de tu cuerpo se transmite a través de los sentidos. El amor propio impregna la energía del cuerpo, y los demás lo reconocen instantáneamente a un nivel extrasensorial.

Aprende a hacer valer, sin ego, lo que eres. La consecuencia de esto será el respeto. Tu actitud de respeto hacia ti mismo repelerá a quienes tienen otra forma de pensar y atraerá a quienes eligen la misma senda. Al igual que el olor de la mofeta atrae a otras de su especie, repele a quienes no respetan su espacio.

Los practicantes de la Medicina de la Mofeta tienen la capacidad de atraer a otros y son muy carismáticos. Al mismo tiempo, la otra cara de su poder natural es repeler a quienes buscan sacarles energía sin reciclar los dones que han recibido.

Los practicantes de la Medicina de la Mofeta también saben cómo usar los flujos de energía que atraerán a un amante. Algunos llaman a esto magia sexual, ya que es similar al almizcle que los animales segregan para atraer pareja. Puede ser peligroso desprender energía sexual si no estás buscando pareja. Te hace tomar parte de un juego que puede ser bueno para tu ego pero que no tiene en cuenta lo que los demás sienten. Si estás atrayendo a otros que se sienten interesados por ti, en cierto sentido estás diciendo: «Estoy disponible». Esto puede lastimar a alguien cuando la verdad salga a la luz. Además desperdicia una energía que podrías usar de una manera más constructiva.

En la Medicina de la Mofeta es conveniente aprender a manejar los flujos de energía. Los psicólogos modernos le llaman a esto lenguaje corporal. En las enseñanzas tribales esta es tu medicina personal que estás mostrando a los demás. Utilízala bien, y ten en cuenta que eres conocido por tu reputación. Dependiendo de cómo uses tu energía, atraerás el honor o la desgracia. Quizá deberías examinar qué energía estás emitiendo que crea tu situación actual.

Si has elegido este símbolo, te están pidiendo que observes qué clase de personas te atraen. Si muestran características favorables, ten el suficiente amor propio como para reconocer esas características en ti. Camina erguido y siéntete orgulloso de los logros que has conseguido. Ten presente que lo que crees sobre ti es tu última protección. ¡Proyecta que te respetas a ti mismo!

INVERTIDA

La Medicina de la Mofeta funcionando a través de la posición invertida indica que tu amor propio puede parecer arrogancia a los ojos de los demás. Observa si estás repeliendo o no a quienes te rodean, por envidia, celos o por una proyección de *su* baja autoestima. Examina tus sentimientos. Sé sincero contigo mismo. Enmienda la situación asumiendo la actitud de la mofeta: indiferencia. Al asumir la indiferencia, estás neutralizando los efectos de la pérdida de energía.

Al perder energía vital quizá estés «apestando» tu entorno. Esto es parecido a contarle todas tus penas a cualquiera que te escuche. Si estás haciendo esto, puede que sea el momento de cerrar la boca y mirar en tu interior. Tal vez estés también perdiendo energía sexual y repeliendo al objeto de tu interés. Esa persona quizá sea muy tímida para decirte que te marches. Mira profundamente a tu imagen y a cómo los demás reaccionan ante ella.

Para equilibrar las causas y los efectos de tus acciones y flujos de energía, debes decidir si tienes que «rociar» en dirección a los otros para repeler su envidia, ambición, celos o tendencias excesivamente amorosas. Por otro lado, siempre tienes que mantener tu «derecho a ser». El respeto a ti mismo es la clave de todas estas situaciones, mientras que el ego es meramente lo que tú crees que eres.

La Mofeta dice: «¡Si tu ego no es tu amigo, sabes que apesta!».

La Nutria…
¡Tan juguetona!
Coquetea junto a la corriente.
La Medicina de la Mujer,
el sueño realizado.

8
La Nutria

La medicina de la mujer

La Medicina de la Nutria es un conjunto de lecciones sobre la energía femenina. Esto se aplica tanto a hombres como a mujeres, ya que todos tenemos un lado femenino. El cuero de nutria se usa a menudo para hacer bolsas de medicina para mujeres poderosas, porque representa la energía femenina equilibrada.

La nutria cuida mucho de sus crías y juega con ellas durante horas realizando todo tipo de acrobacias. Vive en la tierra pero siempre tiene su hogar cerca del agua. Tierra y Agua son los elementos femeninos. La nutria, que se siente en casa en ambos elementos, es la personificación de la feminidad: larga, lustrosa y grácil, esta criatura es la auténtica coqueta del mundo animal.

La nutria está siempre moviéndose y es muy curiosa. Al contrario que otros animales, nunca empieza una pelea a menos que la ataquen primero. Este pequeño y alegre ser es intrépido y asume que todas las demás criaturas son amigables, hasta que se pruebe lo contrario.

Estos rasgos de su carácter representan lo positivo de tener un lado femenino equilibrado, el lado que crea un espacio para que los demás entren en nuestras vidas sin preconcepciones ni sospechas. La nutria nos enseña que la energía femenina equilibrada no es celosa ni maliciosa. Es la energía de la hermandad entre mujeres, contenta de disfrutar y compartir la buena suerte con otros. Comprendiendo que *todos* los logros son valiosos para la totalidad de la tribu, la gente de la nutria se alegra por los demás.

Hace mucho tiempo, según la ley tribal, si una mujer enviudaba, su hermana le ofrecía a su propio marido como amante para impedir que se secara y dejara de utilizar sus impulsos creativos. También esto es la Medicina de la Nutria. En la comprensión equilibrada de la nutria de compartir la bondad, no hay lugar para la envidia o para el miedo a ser reemplazado.

La energía de la mujer, sin juegos ni control, es una experiencia hermosa. Es la libertad de amar sin celos. Es la alegría de amar a los hijos de los demás y sus logros tanto como amas a los tuyos.

Puede que haya llegado el momento de examinar lo que sientes acerca de compartir la abundancia de tu vida con los demás. La Nutria puede estar diciendo que tanto los hombres como las mujeres tendrían que esforzarse por cultivar las mejores cualidades femeninas para poder alcanzar la unidad de espíritu. Esto implicaría la eliminación de los celos y de todos los actos de ira que surgen del miedo. Significaría mantener a raya tu ego y tener una confianza absoluta. Supondría un mundo lleno de gente unida para celebrar el derecho de cada persona a *ser*.

Si has sacado este símbolo, la Nutria puede estar diciéndote que vuelvas a ser un niño juguetón y que sencillamente dejes que las cosas se desarrollen en tu vida. Puede que sea el momento de dejar tu adicción a preocuparte. La Nutria te enseña también la importancia de no aferrarte a objetos materiales que te aten o se conviertan en una carga. Al observar cómo puedes aprender de los hábitos de la nutria, podrías mirar el regocijo del lado receptivo de tu naturaleza. ¿Te has hecho algún regalo recientemente? ¿Has recibido algún mensaje en tus meditaciones? Conviértete en la nutria y muévete libremente en el río de la vida. Fluye con las aguas del universo... este es el camino de la energía femenina receptiva equilibrada. ¡Hónralo! Al hacerlo descubrirás el poder de la mujer.

INVERTIDA

Si la carta de la Nutria aparece invertida, puedes estar corriendo de una idea a otra sin centrarte. Esto podría también implicar que has olvidado cómo recibir, y que estás bloqueando un don del universo con tu lado masculino. Si este es el caso, puede que te avergüence recibir elogios, que alguien te abrace o permitir que aflore tu personalidad genuina. El miedo a ser rechazado es el mensaje contrario al de la Nutria. Suelta la seriedad a todos los niveles y juega con la vida de manera que el miedo te resbale por la espalda. Comprende que el único *flujo* es el flujo del amor del Gran Espíritu hacia ti, de ti a los demás y de los demás otra vez hacia ti.

Mariposa…
que revoloteas
en la luz de la mañana,
has conocido muchas formas
antes de alzar el vuelo.

9
LA MARIPOSA

Transformación

El poder que la mariposa nos brinda es semejante al aire. Es la mente y la capacidad de conocer lo que se piensa o de cambiar de opinión. Es el arte de la transformación.

Para usar la Medicina de la Mariposa debes observar astutamente tu posición en el ciclo de la autotransformación. Al igual que la mariposa, te encuentras siempre en una determinada fase en las actividades de tu vida. Puedes estar en la fase del huevo, que es el principio de todas las cosas. Esta es la fase en la que la idea ha nacido pero aún no se ha hecho realidad. La fase de la larva es el punto en el que decides crear la idea en el mundo físico. La fase del capullo implica «ir a tu interior»: desarrollar tu proyecto, idea o aspecto de tu personalidad. La última fase de transformación es la salida de la crisálida y el nacimiento. Este último paso conlleva compartir los colores y el regocijo de tu creación con el mundo.

Si miras con atención lo que la Mariposa está intentando enseñarte, comprenderás que es el círculo interminable de la autotransformación. La manera de discernir si estás en este círculo es preguntarte:

1. ¿Es esta la fase del huevo? ¿Es solo un pensamiento o una idea?

2. ¿Es esta la fase de larva? ¿Necesito tomar una decisión?
3. ¿Es esta la fase del capullo? ¿Estoy desarrollando y haciendo algo para lograr que mi idea se convierta en realidad?
4. ¿Es esta la fase del nacimiento? ¿Estoy compartiendo mi idea completada?

Al hacerte a ti mismo estas preguntas, descubrirás qué tienes en común con la mariposa en este momento. Cuando entiendas dónde estás, el símbolo puede enseñarte qué es lo que hay que hacer después para continuar en el ciclo de la autotransformación. Si has encontrado la posición por la que estás atravesando, verás la creatividad de la mariposa.

Usar el aire, o los poderes mentales, de esta medicina se hace con facilidad. Por poner un ejemplo, si te sientes agotado y has preguntado cómo sanar tu fatiga, ten presentes los colores a los que te has sentido atraído recientemente. ¿Tu cuerpo se siente mejor en verde? ¿Podría esto significar que necesitas comer más verduras verdes? Este tipo de pensamiento es una inspiración de la Medicina de la Mariposa.

La Mariposa puede dar claridad a tu proceso mental y ayudarte a organizar el proyecto que estás acometiendo o a encontrar el próximo paso de tu vida personal o de tu carrera profesional. El mensaje principal que se puede obtener de este símbolo es que ya estás pasando por algún tipo de transformación. Para discernir cuál es tu próximo movimiento, emplea la tirada de la Mariposa.

INVERTIDA

Si has sacado la Mariposa invertida, la lección es sencilla. En tu vida hace falta un cambio que no estás reconociendo.

Podría ser una posible necesidad de libertad, de unas vacaciones o un nuevo trabajo. Puede que creas que el cambio es muy difícil y que lo descartes para conservar la comodidad de los viejos hábitos. Pero al descartar cualquier posibilidad de cambio estás diciendo que el coraje de la mariposa se ha perdido. ¿Por qué la mariposa representa el coraje? Porque hay un mundo totalmente diferente fuera del capullo, donde las realidades conocidas de la crisálida ya no existen. Este nuevo mundo te exige que uses tus alas recién descubiertas, ¡y vueles!

Tortuga…
Gran Madre,
alimenta mi espíritu,
viste mi corazón.
Que yo pueda servirte a ti también.

10

LA TORTUGA

LA MADRE TIERRA

En las enseñanzas de los indígenas de América del Norte la tortuga es el símbolo más antiguo del planeta Tierra. Es la personificación de la diosa de la energía y de la Madre Eterna de la que surgen nuestras vidas. Nacemos del vientre de la Tierra, y a su suelo regresarán nuestros cuerpos. Para honrar a la Tierra, la Tortuga nos pide que seamos conscientes del ciclo de dar y recibir, para dar a la Madre como ella nos ha dado.

El caparazón de la tortuga es similar a la protección que la Tierra ha empleado durante siglos a medida que su cuerpo iba siendo mancillado. La protección de la Madre Tierra ha venido en forma de cambios en el planeta, nuevo crecimiento de vegetación, creación de nuevas masas de tierra por erupciones volcánicas y alteraciones climáticas. También tú, como la tortuga, tienes un caparazón que te protege del daño, la envidia, los cclos y la inconsciencia de los demás. A través de sus hábitos la tortuga te enseña a usar la protección. Si te molestan las acciones o las palabras de quienes te rodean, es el momento de entrar en tu interior y honrar tus sentimientos. Si te atacan, es hora de hacer una advertencia enérgica.

Si has elegido el símbolo de la Tortuga, se te pide que honres la fuerza creativa de tu interior, que tengas los pies bien enraizados en la tierra y que contemples tu situación con compasión maternal. Emplea las energías del agua y de la tierra, que representan los dos hogares de la tortuga, para fluir armoniosamente con tu situación y pisar firmemente la tierra adoptando una postura de poder.

Esta criatura es una magnífica maestra del arte de conectar con la tierra. Puede que incluso logres superar parte de tu tendencia a «estar en las nubes» si te alineas con la Medicina de la Tortuga. Al aprender a enraizarte te centras en tus pensamientos y acciones y disminuyes el ritmo hasta lograr uno con el que estés seguro de poder finalizar lo que empiezas.

La Tortuga te advierte del peligro de «empujar al río», como pone de manifiesto su paso lento y pesado. El maíz que se cosecha antes de tiempo aún no está maduro. Sin embargo, si se le da la oportunidad de crecer a su propio ritmo, en su propia estación, todos compartirán su dulzura.

La tortuga entierra sus pensamientos, igual que hace con sus huevos, en la arena, y deja que el sol incube a sus criaturas. Esto te enseña a desarrollar tus ideas antes de sacarlas a la luz. Fíjate en la vieja fábula de la tortuga y la liebre, y decide por ti mismo si te gustaría o no alinearte con la tortuga. Más grande, más fuerte y más rápido no siempre es la mejor manera de alcanzar una meta. Cuando llegues quizá te pregunten dónde has estado y puede que no consigas recordar. En este caso, llegar excesivamente pronto puede hacerte sentir muy inmaduro.

Sacar la carta de la Tortuga augura un tiempo para conectar con el poder de la Tierra y con la Madre Diosa interior. Este es un recordatorio del aliado que tienes en la Madre Tierra. No importa qué situación hayas creado: pídele ayuda y recibirás abundancia.

Invertida

Cuando sale la carta de la Tortuga invertida, significa que la Madre Tierra te está llamando para que reconectes de alguna manera con ella. Te está llamando si te has vuelto irrespetuoso y en lugar de depositar la basura en el sitio apropiado, la arrojas por la ventana del coche. Te está llamando si te has sentido solo cuando estabas necesitado. Si has tenido dificultades económicas o apenas tienes lo suficiente para comer, o si has deseado un hijo y no ves un embarazo a corto plazo, ella es tu medicina; utilízala. No estás solo... nunca. Eres un hijo de la Tierra. Todos los actos de placer, alegría y abundancia son regalos de la Madre de la Fuerza Creativa. Emplea su energía para ayudarte, y sanarás lo bastante como para compartir esta energía con otros.

La idea de una tortuga intentando inútilmente enderezarse tras haber caído sobre su caparazón puede también simbolizar a la Tortuga invertida. Tú no eres una víctima, y no eres inútil, por más que parezca ser así en tu situación actual. Para enderezar la Tortuga invertida, solo tienes que hacer una lista de aquello por lo que estás agradecido, y desde ese lugar de agradecimiento de tu corazón, buscar la abundancia de alternativas que te ofrece la Madre Tierra.

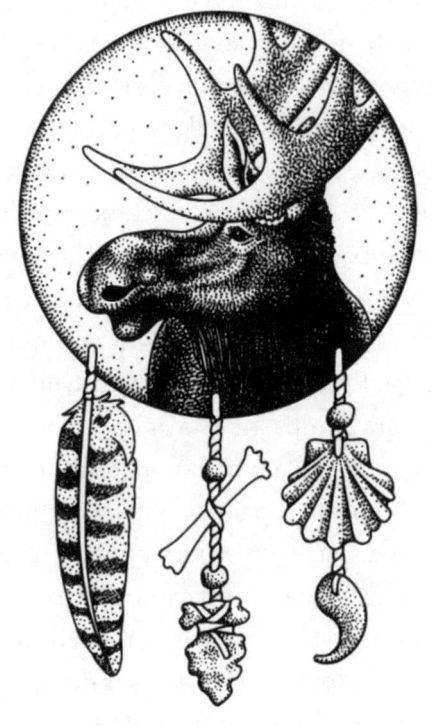

Alce…
Ayúdame a honrar los dones que puedo ofrecer
y a reconocer mi valor mientras viva.

11

EL ALCE AMERICANO

EL AMOR PROPIO

El Alce Americano aparece en el Norte de la Rueda de la Medicina, al igual que el Búfalo. El Norte representa el lugar de la sabiduría. El amor propio es la Medicina del Alce porque simboliza el poder de reconocer que se ha empleado la sabiduría en una situación y que el reconocimiento o una palmada en la espalda son bien merecidos.

El alce es el miembro de mayor tamaño de la familia de los ciervos, y tiene una gran fuerza. Oír la llamada de un alce macho en una noche almizclada de primavera es algo impresionante. Su orgullo de macho y su deseo de compartir su semilla con una hembra de su especie son muestras de su amor propio. Su bramido puede verse como una fuerza positiva, ya que representa su voluntad de «expresar al mundo» sus sentimientos.

En esta característica de «expresar al mundo» existe un júbilo que solo puede ser fruto de la sensación de haber logrado algo. No hay alegría más grande que la de la obra bien hecha. De ahí que esta característica no sea una búsqueda de aprobación, sino más bien el regocijo de compartir la explosión espontánea de júbilo que surge de lo más hondo del ser.

La sabiduría presente en este escenario viene a decirnos que constantemente la creación da lugar a nuevas ideas y a más creación. El Alce Americano nos enseña que la alegría debería gritarse con orgullo a los cuatro vientos. Es inteligente hacerlo porque la alegría es «contagiosa». En cierto sentido, ese bramido es una manera de tomarnos la vida menos en serio y de decirnos a nosotros mismos o a los demás: «¡Bien hecho!».

Quienes practican la Medicina del Alce tienen la capacidad de saber cuándo emplear la amabilidad del ciervo y cuándo salir en estampida como el búfalo. Conocen el equilibrio entre dar órdenes para que las cosas se hagan y estar dispuesto a hacerlas uno mismo. La sabiduría de la Medicina del Alce es como la del Abuelo Guerrero que dejó a un lado su pintura de guerra hace mucho tiempo y ahora aconseja a los ciervos jóvenes que mantengan la sangre fría.

La Medicina del Alce se suele encontrar en los ancianos que caminaron por el Buen Camino Rojo y vieron muchas cosas en su Caminar por la Tierra. Se regocijan de ser maestros de los niños y los primeros en alentar a los demás. Eso no significa que no usen su sabiduría para advertir además de para elogiar, porque lo hacen. Quienes practican la Medicina del Alce saben qué hay que decir, y cuándo y a quién decirlo.

A los ancianos se los honra según la ley tribal por sus dones de sabiduría, por su capacidad para enseñar y por la serenidad que imparten en el Consejo. Si eres muy maduro para tu edad y tienes el don de la Medicina del Alce, empléalo para animar a otros a aprender y a crecer. Hay muchas facetas en la sabiduría de la Medicina del Alce.

Si has elegido la carta del Alce Americano, tienes razones para sentirte bien por algo que has conseguido en tu viaje. Puede ser un hábito que has superado, haber concluido algo, una idea que te ha surgido sobre una meta o un nuevo concepto de quién eres que te costó mucho aprender. Es el momento de sentir un orgullo apropiado y de expresar tu reconocimiento a quienes te ayudaron en el proceso.

Un buen ejercicio de la Medicina del Alce es escribir aquello que puedes amar sobre ti mismo y tu progreso en la vida. Luego aplica este mismo proceso a los amigos, la familia, los compañeros de trabajo y la vida. Les hace falta aliento tanto como a ti.

Invertida

Si el Alce Americano está invertido cuando lo sacaste, te está recordando que el ego puede echar a perder tu sensación de haber hecho algo bien. Recuerda que los demás tienen el mismo potencial que tú, y no dejes de apreciar sus dones. La carta del Alce Americano en posición invertida te dice que mientras te dedicabas a alardear de ti mismo has perdido interés en los demás y te has olvidado de que, de alguna manera, todos podemos enseñarnos los unos a los otros. La Medicina del Alce Americano invertido puede estar pidiéndote que madures en silencio durante un tiempo, que calmes tu espíritu y dejes que la fuerza y la sabiduría del silencio entren en tu corazón. Este es el núcleo de la Medicina del Alce: conocer la sabiduría del silencio, para que cuando sea apropiado hablar puedas enorgullecerte de tus palabras.

Puercoespín…
Recuérdame
la inocencia una vez más.
Cuando todo hombre es un hermano,
y cada mujer una amiga.

12

El Puercoespín

La inocencia

El Sur de la Rueda de la Medicina es el lugar de la inocencia y la humildad infantil. Es el hogar de la travesura y la posición del Puercoespín en la Rueda de la Medicina de la vida.

El Puercoespín tiene muchas cualidades especiales y una medicina muy poderosa: el poder de la fe y la confianza. El poder de la fe conlleva inherentemente la capacidad de mover montañas. El poder de la confianza en la vida implica confiar en que el Gran Espíritu tiene un plan divino. Tu tarea es encontrar la senda que más te beneficie y que emplees tus mayores talentos para impulsar el desarrollo de ese plan. La confianza puede abrir puertas a la creación de un espacio. El espacio así creado les permite a los demás abrirte sus corazones y compartir contigo sus dones de amor, alegría y compañerismo.

Si observas a un puercoespín, inmediatamente notarás sus púas. Estas púas se usan solo cuando se ha roto la confianza entre él y otra criatura. Al igual que la nutria, el puercoespín es una criatura amable, cariñosa y pacífica. Cuando el miedo no está presente, puedes alimentarlo con la mano y nunca te clavarás sus púas.

Comprendiendo la naturaleza básica de este animal, puedes llegar a entender tu propia necesidad de confianza y fe, y volver a ser otra vez como un niño. En la sociedad actual, este es un recordatorio necesario para honrar la maravilla de la vida y la apreciación de cada día como una aventura de descubrimiento.

El puercoespín se sentó en silencio, mirando un tronco hueco. Se preguntó si era una casa de muñecas que la naturaleza había creado solo para él. Imaginó todo lo que podía hacer con el tronco. Podía subirse encima y hacerlo rodar. Podía meterse dentro y ver si había algunos gusanos jugosos para la cena. También, si quería, podía rascarse la espalda con la rugosa corteza.

Mientras se preguntaba qué era lo que iba a hacer, vio acercarse al oso. El oso era grande y negro, y estaba buscando miel. «Oh, otro compañero de juegos para compartir mi tronco», pensó.

—Hola, oso —dijo alegremente—. ¿Quieres jugar y compartir mi tronco conmigo?

El viejo oso gruñón resolló

—Puercoespín, ¿no ves que soy muy viejo para jugar? No me entretengas. ¡Vete, que estoy buscando miel!

—Pero, oso, nunca se es muy viejo para jugar —respondió—. Si te olvidas de lo divertido que era ser un cachorro, siempre serás tan impaciente y tan brusco como ahora.

El oso pensó en lo que el puercoespín le había dicho. Quizá tenía razón. Todas las demás criaturas habían salido corriendo despavoridas al verle. Incluso los otros osos lo habían contemplado con recelo cuando les gruñó. Ciertamente ese pequeño puercoespín confiaba en que no se lo iba a comer. Es más, hasta le había ofrecido su amistad.

El viejo oso miró al puercoespín y sintió que algo se conmovía en su interior. Empezó a recordar los juegos que había jugado cuando era un cachorro. La alegría comenzó a vivir en él una vez más.

—Pequeño puercoespín, me has hecho recordar que al volverme fuerte y buscar respuestas caí en la trampa de vivir en mi mente. Me daba miedo de lo que pensarían los otros si me quitaba la máscara de mi brusquedad. Temía que no volvieran a tomarme en serio nunca más. Tú me has enseñado que al ser tan gruñón lo único que estaba consiguiendo es que todos me dieran de lado. Gracias. Me encantaría jugar con este tronco viejo.

Y así fue como el oso volvió a ser otra vez como un niño y aprendió la inocencia del puercoespín.

Al elegir la carta del Puercoespín te recuerdas cariñosamente que no tienes que dejarte atrapar en el caos del mundo adulto, en donde el miedo, la codicia y el sufrimiento son habituales. La medicina de esta carta es el alivio de la seriedad y la severidad. Abre tu corazón a aquello que te dio alegría cuando eras niño. Recuerda el valor inapreciable de la fantasía y la imaginación y cómo inventabas un juego o un juguete prácticamente con nada.

Honra el espíritu lúdico que nos permite a todos ganar.

Invertida

Al sacar la carta del Puercoespín invertida, te estás advirtiendo oportunamente que no se puede ganar el juego de la vida siendo muy serio. Quizá en algunos aspectos te sientas herido o con miedo de volver a confiar. Es posible que recientemente la vida te haya propinado un duro revés. Si es así, ha llegado el momento de empezar otra vez a tener fe en tu capacidad de superar la lección con alegría. ¿Estás dispuesto a confiar en ti? Si lo estás, podrías empezar por escribir los sentimientos que te ha provocado esa situación. ¿Cómo podrías, en tu calidad de adulto, consolar al niño interior, y enseñarle a tener fe y confiar una vez más?

El Puercoespín invertido está boca arriba, con sus púas hundidas en el suelo. Esta es una postura bastante indefensa. Quizá te estés obligando a ser vulnerable para poder recuperar la esperanza. O quizá hayas tenido que darte la vuelta para que te den unas palmaditas en la barriga. Esta posición podría indicar por tanto que estás listo para aceptar un poco de amor de los demás. En cualquier caso, si no estás dispuesto a volver a confiar, esta carta te obliga a preguntarte por qué. ¡O por qué no!

Coyote…
¡Diablillo!,
¡volviste a engañarme!
Tengo que sentarme a pensar,
¿por qué lo hiciste?

13

El Coyote

El embaucador

Existen miles de leyendas y cuentos acerca del coyote, el gran embaucador. Muchas culturas indígenas lo llaman el «Perro de la Medicina». Si te ha salido la carta del Coyote, puedes estar seguro de que se acerca algún tipo de medicina, y quizá te guste o quizá no. Pero cualquiera que sea la medicina, buena o mala, puedes estar seguro de que te hará reír, incluso dolorosamente. También puedes estar seguro de que el Coyote te enseñará algo sobre ti mismo.

El Coyote posee numerosos poderes mágicos, aunque no siempre funcionan a su favor. Se deja engañar por sus propios embustes. Es el gran embaucador que se engaña a sí mismo. Él mismo está más sorprendido que nadie del resultado de sus triquiñuelas. Cae en su propia trampa. Y, sin embargo, de alguna manera consigue arreglárselas para sobrevivir. La experiencia puede dejarle molido y dolorido, pero enseguida estará listo para cometer *una equivocación todavía más grande,* sin acordarse de aprender de sus errores. Nunca se da por vencido, por más batallas que pierda.

El Coyote es sagrado. En la locura de sus actos vemos un espejo de nuestra propia estupidez. Mientras va de un desastre a otro, perfecciona al máximo el arte del autosabotaje. Nadie puede embaucar tan ciegamente a los demás y a sí mismo con tanta gracia y facilidad como este embaucador sagrado. El Coyote se toma tan en serio a sí mismo que a veces es incapaz de ver lo evidente, por ejemplo la apisonadora que está a punto de aplastarlo. Por eso cuando la tiene encima sigue sin creérselo. «¿De verdad era una apisonadora? Tengo que ir a verla», dice. Y una vez más le aplasta.

La medicina de este embaucador contiene un humor ancestral. La broma cósmica no se refiere solo a nosotros, sino a todos los demás, siempre que sigan al Coyote o tengan una medicina potente del Coyote. Alguien así podría convencer a los demás de que una mofeta huele a rosas, pero lo cierto es que sigue siendo una mofeta.

Si te ha salido la carta de la Medicina del Coyote, tienes que despertarte. ¡Cuidado! Tu casa de cristal puede derrumbarse en cualquier momento. Todos tus espejos pueden hacerse añicos. El embaucador divino te persigue, y podría alcanzarte. El Coyote se rasca bajo los brazos. Ejecuta una danza delirante. Prende fuego a la punta de su cola jugando con fósforos. Para ponerse a salvo, salta al estanque y casi se ahoga. El Coyote seduce a una estatua de hormigón. Cree que ha encontrado un hueso, pero es una serpiente de cascabel. Todos contemplan esta escena cómica. El coyote eres tú, yo, trampas explosivas, aviones con lavabos que no funcionan, citas a ciegas y todas las situaciones cómicas y caprichosas que nos encontramos a lo largo de la vida. Prepárate para más risas, muchas más.

Trasciende la superficie de tus experiencias. Pregúntate qué es lo que de verdad estás haciendo y por qué. ¿El Coyote es tu medicina? ¿Te gastas bromas a ti mismo? ¿Tratas de engañar a un adversario? ¿Alguien te está embaucando? ¿Quieres darle al «raro» de la oficina el número de teléfono de esa nueva secretaria tan guapa? ¿O quieres gastarle una broma a tu mejor amigo? ¿Cuándo fue la última vez que hiciste algo solo porque era una locura y te parecía divertido?

Por otra parte, quizá no seas consciente de tus propias tonterías. Puede que te hayas convencido a ti mismo, a tu familia, a tus amigos e incluso al público en general de que sabes lo que haces. Pero escucha, Coyote. Te has dejado enredar por tus propios embustes. Has creado un *engaño* que desconcierta, aturde y confunde. Recoge los ojos de prestidigitador del suelo y vuelve a colocarlos en sus cuencas. Date cuenta del genio de tus actos de autosabotaje. Mira lo divertido que es y ríete, embaucador, ríete.

Perderás la jugada, si no puedes reírte de ti mismo y de tus payasadas locas. El Coyote siempre acude cuando las cosas se ponen demasiado serias. La medicina consiste en reír y bromear para poder adoptar nuevos puntos de vista.

Si posees la Medicina del Coyote, puedes emplearla para animar a esos viejos recatados, para darle alegría a una fiesta o para escapar fácilmente de una conversación pesada. Mira el lado positivo de sabotear preguntas inquisitivas sobre tu vida personal. ¡Diviértete contándole a algún chismoso que acabas de llegar de Saint Tropez en tu avión particular!

INVERTIDA

Si el Coyote aparece en la posición invertida, puedes estar seguro de que te llevará la contraria y te fastidiará. Mira a tu alrededor y averigua desde dónde viene. Si se te acerca desde el exterior, ten cuidado con este maestro de la ilusión. Puede hechizarte y llevarte a unas zarzas a recoger bayas. Seguirle será una lección dolorosa. El Coyote invertido puede aparecer en tu vida en la forma de un maestro que supuestamente lo sabe todo, un timador, alguien que te propone un negocio para hacerte rico rápidamente, un vendedor de monedas raras a domicilio, una mujer fatal, un productor de cine, un telepredicador, un vendedor de terrenos pantanosos, un político o cualquiera que pretenda que le sigas. El Coyote no es recomendable como socio ni como pareja.

El Coyote invertido puede anunciarte unos tiempos en los que todo te saldrá mal. Todas tus bromas te estallarán en la cara. En esta posición invertida, señala también una época en la que hay que estar alerta sobre la intención de los demás y vigilar el bumerán que *tú* arrojaste a otra persona y que viene a golpearte por la espalda. Puede que alguien te esté jugando una mala pasada, o podría haber una mentira en el aire. Sea lo que sea lo que el Coyote invertido haya conjurado, podría venir de cualquier dirección. ¡Recuerda, este bufón es siempre imprevisible!

Perro…
eres tan noble,
hasta el amargo final.
Tu medicina es la enseñanza
de los amigos sinceros y leales.

14

EL PERRO

LA LEALTAD

Todas las tribus indias del sureste y de las llanuras tenían perros. Estos nobles animales con frecuencia daban la señal de alarma cuando se acercaba el peligro. Ayudaban en la cacería y eran una gran fuente de calor en las largas noches de invierno. Como la tribu canina tiene muchas razas, los primeros perros indios solían ser semisalvajes. Sin embargo, este carácter salvaje nunca privó a sus dueños de la lealtad innata de los perros.

El perro ha sido considerado a través de la historia como el sirviente del hombre. Si una persona posee la Medicina del Perro, normalmente sirve a otros o a la humanidad de alguna manera. Aquí encontrarás al trabajador de una organización benéfica, al filántropo, a la enfermera, al consejero, al sacerdote y al soldado.

El perro era el sirviente soldado que protegía los tipis de la tribu de un ataque sorpresa. Es una medicina que representa la gentileza amorosa del *mejor amigo* y la *energía protectora* medio salvaje del imperativo territorial.

Como Anubis, el perro chacal protector de Egipto, el perro es un guardián. A través de la historia ha sido el guardián del infierno, así como el de los secretos ancestrales, los tesoros escondidos y los niños, mientras las madres hacían la comida o trabajaban en el campo. El perro honra sus dones y es leal a la confianza que se deposita en él.

Al examinar la Medicina del Perro, quizá descubras recuerdos tiernos de haber tenido y querido a un perro como mascota. El mensaje que está intentando comunicarte es que debes indagar profundamente en tu sentido de servicio hacia los demás. Los perros son animales que están genuinamente orientados a servir, y se entregan a sus dueños con una sensación de lealtad que prevalece sobre cómo los tratan.

Si a un perro se le grita, o se le azota, aun así sigue dando amor a quien le ha hecho daño. Esto no es por estupidez sino, más bien, por una comprensión profunda y compasiva de las deficiencias humanas. Es como si un espíritu tolerante residiera en el corazón de cada canino, el cual pide únicamente poder servir.

También puedes ver perros que han perdido su lealtad a fuerza de golpes. Se encogen de miedo y lloran al menor signo de desaprobación, pero esta no es su naturaleza normal. Algunas variedades han sido entrenadas en contra de su naturaleza para ser brutales y agresivas. Sobre la base de ese sentido del servicio, estas razas han adoptado los deseos de agresión de sus dueños. Llevan consigo una memoria genética alterada de lo que significa el servicio con objeto de recibir la aprobación de sus dueños.

La Medicina del Perro te pide que examines la facilidad con la que tu necesidad de aprobación se impone a tu sentido de la lealtad. Si te ha salido la carta del Perro, hay varias preguntas que debes plantearte, dependiendo de la situación en la que estés:

1. ¿He olvidado recientemente que debo lealtad a mi verdad personal en la vida?

2. ¿Es posible que los rumores o las opiniones de los demás hayan afectado a mi lealtad hacia cierto amigo o grupo?
3. ¿He negado o ignorado a alguien que está tratando de ser mi amigo fiel?
4. ¿He sido leal y fiel a mis metas?

INVERTIDA

En la posición invertida, el Perro puede estar diciéndote que te has vuelto crítico o malintencionado a causa de las compañías que frecuentas. Esta carta invertida podría también implicar que es el momento de dejar de encogerse de miedo y empezar a enfrentarte a los adversarios de tu confianza. La clave es comprender que no son enemigos externos sino pensamientos de tu propia mente que te dicen que no te mereces ser leal, ni a ti ni a nadie. Podrías examinar los patrones de deslealtad en tu vida. Por ejemplo, ¿cuentas chismes, o no dices lo que piensas cuando alguien está contándolos? ¿Haces bromas que menosprecien a otros? ¿Te niegas a devolver la amabilidad? Estas son características del miedo, y en particular de un miedo que es común a los seres humanos, la familia de dos piernas: el miedo a no ser parte del grupo o a no recibir aprobación.

Reclama el poder de la lealtad hacia ti y hacia tu verdad. Sé como el perro, tu mejor amigo.

Lobo…
maestro,
explorador,
perro de la luna de mi alma.
Aullando,
cantando,
enseñando cómo saber.

15

El lobo

El maestro

El lobo es el explorador, el precursor de nuevas ideas que regresa al clan a enseñar y compartir la medicina. El lobo toma una pareja para toda la vida y es leal como el perro. Si tuvieras que andar en compañía de lobos, encontrarías una enorme sensación de familia en la manada, así como un fuerte impulso individual. Estas cualidades hacen que esta especie sea muy parecida a la raza humana. Como seres humanos también tenemos la capacidad de ser parte de la sociedad y aun así encarnar nuestros sueños e ideas individuales.

En la Gran Nación Estelar, el lobo está representado por la estrella del Perro, Sirio, cuya leyenda nos dice que fue el hogar original de nuestros maestros en tiempos inmemoriales. Los antiguos egipcios creían que Sirio fue el hogar de los dioses, y aún es considerado así por la tribu dogon de África. Es lógico que los pueblos indígenas norteamericanos formularan esta misma conexión y adoptaran a la gente lobo como el clan de los maestros.

Los sentidos del lobo son muy agudos, y la luna es su poder aliado. La luna es el símbolo de la energía psíquica, o del inconsciente que guarda los secretos del conocimiento y la sabiduría. Aullar a la luna puede ser una señal del deseo del lobo de conectar con ideas nuevas que están justo bajo la superficie de la conciencia. La Medicina del Lobo empodera al maestro interior para que salga y ayude a los hijos de la Tierra a entender el Gran Misterio y la vida.

Si te ha salido la carta del Lobo, puede que seas capaz de compartir con otros tu medicina personal. Tu lado intuitivo puede también tener una respuesta o enseñanza para tu uso personal en este momento. Cuando sientas que el lobo cobra vida dentro de ti, quizá desees compartir tu conocimiento transmitiendo por escrito o en conferencias la información que puede ayudar a otros a entender mejor su singularidad o su camino en la vida. Es compartiendo las grandes verdades cuando la conciencia de la humanidad se elevará a nuevas alturas. El Lobo también podría estar diciéndote que busques lugares solitarios que te permitan ver a tu maestro interior. En la soledad de un lugar de poder, sin otros seres humanos a tu alrededor, puedes encontrar tu verdadero ser. Busca enseñanzas estés donde estés. El lobo no vendrá a ti a menos que solicites la aparición del mayor maestro de la tribu.

Invertida

Si el Lobo está invertido, te está pidiendo que expandas tu visión limitada de la situación actual. Puede que hacer esto requiera mucho valor y estar dispuesto a contemplar nuevas perspectivas. Podría también requerir que renunciaras a viejas ideas con objeto de dejar espacio para la expansión que siempre se produce cuando estás dispuesto a aprender. El don de la sabiduría viene a ti cuando has caminado bastantes sendas y has llegado a suficientes puntos muertos para conocer de verdad el bosque. Con el descubrimiento y redescubrimiento de cada centímetro de terreno viene el conocimiento de que nada permanece igual.

El Lobo invertido puede estar también indicándote que el estancamiento o el miedo a hacer valer tu punto de vista ha detenido el flujo del cambio en tu vida. El Lobo invertido está *siempre* urgiéndote a buscar los maestros o exploradores que te enseñarán el camino a nuevas experiencias de vida. Recuerda, el maestro o el explorador puede ser la vocecita interior, así como una persona, una hoja, una nube, una piedra, un árbol, un libro o el Gran Espíritu.

Vivir es crecer, y crecer surge de la aceptación de todas las formas de vida como tus maestros. Conviértete en el lobo, y retoma su sentido de la aventura. Puede que dejes de aullar y aprendas a *convertirte* en la luna.

Cuervo…
negro como la brea,
mágico como la luna,
háblame de magia,
pronto volaré contigo.

16

El cuervo

La magia

En todos los tiempos, el cuervo ha llevado consigo la Medicina de la Magia. Esto ha sido así en muchas culturas de todo el planeta. En los ritos de la medicina es sagrado honrarlo como portador de la magia. Si la magia es mala medicina, hay que honrar al portador más por miedo que por respeto. Quienes temen al cuervo quizá lo hagan porque han entrado en áreas de las que no tienen conocimiento, y al lanzar un hechizo este se ha vuelto contra ellos. En lugar de analizar el lado oscuro de la hechicería, comprende que solo temerás al cuervo si necesitas aprender sobre tus miedos internos o sobre los demonios que tú mismo has creado.

La magia del Cuervo es una medicina poderosa que puede proporcionarte el valor para entrar en la oscuridad del vacío, el hogar de todo lo que aún no tiene forma. El vacío es llamado el Gran Misterio. El Gran Misterio existió antes de que existiera nada. El Gran Espíritu vive en el vacío y emergió del Gran Misterio. El Cuervo es el mensajero del vacío.

Si el Cuervo aparece en tu tirada, estás a punto de experimentar un cambio de conciencia. Quizá esto implique caminar dentro del Gran Misterio, por otra senda situada al límite del tiempo. Presagiaría una señal traída por el Cuervo que dice: «Te has ganado el derecho a ver y experimentar un poco más de la magia de la vida». El color del cuervo es el color del vacío, el agujero negro espacial que contiene toda la energía de la fuente creativa.

En las enseñanzas indígenas el color negro significa muchas cosas, pero no maldad. Puede simbolizar la búsqueda de las respuestas, el vacío o el camino de lo espiritual. El negro azulado del cuervo tiene una iridiscencia que habla de la magia de la oscuridad, así como de la mutabilidad de forma y figura que conlleva un despertar durante el proceso.

El Cuervo es el guardián de la magia ceremonial y de la curación en ausencia. Está presente en cualquier círculo de curación. Guía la magia de la sanación y del cambio de conciencia que traerá una nueva realidad y disipa el malestar o la enfermedad. Trae el nuevo estado de bienestar desde el vacío del Gran Misterio y el campo de la abundancia.

El cuervo es el mensajero que porta todos los flujos energéticos de la magia ceremonial desde la ceremonia misma hasta el destino previsto. Por ejemplo, si se realiza un ritual para mandar energía a una zona catastrófica donde la gente necesita valor y fortaleza, el cuervo será el mensajero de ese flujo de energía. La intención sería hacer sentir a la gente de la zona devastada la preocupación y el apoyo de quienes participan en la ceremonia.

Si has sacado el Cuervo, hay magia en el aire. No trates de adivinarlo; no podrás hacerlo. Lo que está obrando es la fuerza de lo desconocido y va a ocurrir algo especial. Sin embargo, el misterio más profundo es cómo responderás a la brillante sincronicidad de este momento alquímico. ¿Lo reconocerás y lo emplearás para incrementar más aún tu crecimiento? ¿Puedes aceptarlo como un regalo del Gran Espíritu? ¿O limitarás el poder del Gran Misterio intentando explicarlo?

Quizá haya llegado el momento de llamar al cuervo para que actúe como mensajero de una intención, un poco de energía curativa, un pensamiento o un mensaje. El cuervo es el patrón de las señales de humo o de los mensajes de los espíritus representados por el humo. De manera que si quieres enviar un mensaje a la Senda Azul del espíritu para ponerte en contacto con los Antiguos, invoca al cuervo. O, quién sabe, puede que los Antiguos te llamen a ti.

Recuerda, este momento mágico vino del vacío de la oscuridad y el reto es llevarlo a la luz. Al hacerlo habrás honrado al mago interior.

Invertida

¡No hay que tomarse a la ligera el Cuervo invertido! Puede significar que el bumerán está volviendo a quien lo lanzó. Si le has deseado el mal a alguien, ten cuidado, porque has pedido que este mal te enseñe a su vez lo que se siente al recibirlo. Si no le has deseado mal a nadie, el Cuervo invertido puede estar trayéndote la advertencia de que no estarás preparado para pasar a otro nivel de conciencia hasta que hayas dominado aquel con el que estás operando actualmente. En otro plano, puede estar diciéndote que has olvidado la magia de la vida y te has instalado en una rutina mundana. Si te gusta esta rutina y no quieres experimentar la magia extraordinaria de tu vida, pídele al cuervo que vuele por tus sueños y te dé a probar su medicina. Si lo haces, puede que nunca más vuelvas a ser el mismo.

El Cuervo invertido puede asimismo presagiar una época de mensajes llenos de humo, confusos, que no puedes ver u oír porque tu «intelecto» está insistiendo en que la magia no es real. Si no eres capaz de imaginar ni de fingir debido a tu falta de fe en la magia o en los milagros, la curación no puede llevarse a cabo.

El cuervo puede estar picoteando en la puerta de tu conciencia, pero no te darás cuenta a menos que aclares el humo y busques los otros mundos de la imaginación y la percepción donde vive la magia.

Para enderezar el Cuervo invertido, quizá tengas que buscar a un chamán experto a fin de que despeje el campo energético que has creado. Puede que necesites bloquear la energía negativa que te han enviado o dejar de desearle el mal a alguien. ¡Mantente limpio! Este es el mensaje cuando la magia se convierte en una sombra humeante. Procura limpiar y sanar tu intención, y luego extiende los brazos al cielo y honra a la Madre Tierra y a todos los seres vivientes. Déjate inundar por la magia de estar vivo e invoca al cuervo para que te enseñe la forma adecuada de usar la energía. Enraíza esa energía para que pueda darse la manifestación de la magia. Hazlo con amor y sencillez. El cuervo te contará esta verdad mágica: nunca vayas más allá de aquello para lo que te has preparado y entrenado. La vida es hermosa, de manera que emplea la magia para ayudar a toda la familia de la Tierra.

Puma…
oh, líder real,
de formas estilizadas y felinas,
toca mi corazón con valor
y haz sonar la alarma,
para que pueda liderar con previsión,
con convicción brillante y verdadera,
para llevar el espíritu,
de la fuerza que veo en ti.

17

EL PUMA

EL LIDERAZGO

El puma puede ser un tótem de poder muy difícil de llevar, porque te coloca en una posición en la que eres el blanco de los problemas ajenos. Podrían echarte la culpa de que las cosas vayan mal o atacarte por tomar siempre las riendas cuando otros no pueden. Podrías convertirte en la justificación perfecta para las inseguridades de los demás.

La Medicina del Puma implica lecciones sobre el uso del poder en el liderazgo. Es la capacidad de liderar sin insistir en que los demás nos sigan. Es la comprensión de que todos los seres son líderes potenciales, cada uno a su manera. El uso y el abuso de poder en una posición de influencia son parte de esta gran medicina felina.

Al observar los movimientos llenos de elegancia del puma aprenderás cómo equilibrar el poder, la intención, la fuerza física y la gracia. Esto se refiere, en términos humanos, al equilibrio del cuerpo, la mente y el espíritu. El felino gigante nunca hace un gasto innecesario. Solo mata lo que necesita para sobrevivir. La hembra es la cazadora que honra su mesa con un aire similar a la energía maternal.

Si el Puma te ha visitado en sueños, es el momento de defender tus convicciones y dirigirte a donde el corazón te lleve.

Quizá otros elijan seguirte, y las lecciones se multiplicarán. Si ha salido la carta del Puma, puede que se te pida que reflexiones sobre el propósito que subyace bajo tus creencias personales. Tal vez tengas que descubrir si tus planes incluyen o no una camada de cachorros que quieren ser como tú o compartir tus sueños. Si ya eres un líder, la cuestión puede ser si ha llegado o no el momento de empujar a los cachorros fuera de la cueva. Si te alineas con la medicina felina se te considerará el «rey de la montaña» y nunca se te permitirá ser humano o vulnerable. Hay muchas desventajas, pero las ventajas son extraordinarias.

Al adoptar la posición de poder que ofrece el Puma debes estar pendiente constantemente de mantener la paz. Sin embargo, nunca podrás hacer feliz a todos a menos que te mientas a ti mismo o mientas a los demás. Así es la naturaleza humana. Por tanto, la primera responsabilidad del liderazgo es decir la verdad. Conócela y vívela, y tu ejemplo llegará hasta el cachorro más pequeño de la manada. La *responsabilidad* no es más que la *capacidad* para *responder* ante cualquier situación. El pánico no es parte de esta medicina sagrada.

Invertida

Si la carta del Puma está invertida, es posible que estés jugando con fuego. Un líder que trata de dominar a través de la tiranía o la dictadura ha olvidado la Medicina de la Verdad. A través de la inversión de esta medicina puedes dejarte engañar y creer que solo tienen validez las ideas que tú has creado. ¡Ten cuidado! ¡Roma se vino abajo por esta misma razón! Si este aspecto de la medicina invertida no tiene relación con tu situación, fíjate en los otros mensajes que lleva el Puma en esta posición.

Si rehúsas aceptar tu condición de liderazgo, podría ser porque la idea en sí te da miedo. Esta es una reacción normal en alguien que nunca ha sido líder. En este caso hay que invocar el valor del león y empezar por aprender las lecciones del «corazón de león».

Otro mensaje del Puma invertido es no dejarte embaucar por un líder que abusa de su poder. Si quieres caminar por la senda que te llevará por derecho propio a ser un líder, pregunta a alguien a quien hayas concedido autoridad. Comprueba si tiene la Medicina del Puma, y si puedes desarrollar tu liderazgo observando cómo desempeña la tarea de dar ejemplo.

Niégate a permanecer escondido en la cueva de tu propia timidez e inseguridad y conviértete en el puma. Ruge con convicción, ruge con poder, ¡y recuerda rugir también con la risa para equilibrar la medicina!

Lince…
conoces los secretos
tan bien,
la Hora de los Sueños y la magia,
pero nunca cuentas nada.
Ojalá aprenda a contener mi lengua;
y observe como la Esfinge,
poderosa y callada,
la Medicina del Lince.

18

EL LINCE

Los secretos

Se dice que si quieres descubrir un secreto, debes pedir la Medicina del Lince. Lamentablemente es difícil hacer hablar al lince. Enfrentarte con la medicina poderosa del Lince significa que no conoces algo sobre ti o sobre los demás.

El Lince custodia los secretos de los sistemas mágicos perdidos y el conocimiento oculto. Tiene la capacidad de moverse a través del tiempo y el espacio y de entrar en el Gran Silencio para desentrañar cualquier misterio. No es el *guardián* de los secretos, sino el *conocedor* de los secretos.

El problema consiste en conseguir que el Lince te instruya. Preferirá estar fuera cazando pájaros o arrojarte arena a la cara en vez de correr en círculos a tu alrededor.

La Medicina del Lince es un tipo muy específico de clarividencia. Si esta medicina tiene fuerza en ti, verás imágenes mentales de otra gente y de las cosas concretas que se ocultan a sí mismos o a otros. Verás sus miedos, sus mentiras y sus autoengaños. También sabrás dónde han escondido el tesoro, si lo hay. Nunca hablas de estas revelaciones, simplemente lo sabes.

La única manera en que puedes persuadir a alguien que tiene la Medicina del Lince para que te dé una información sobre ti mismo (en caso de que hayas olvidado dónde escondiste el tesoro) es respetar las prácticas de su tradición. Si vas a un gitano que tenga la Medicina del Lince, debes mostrarle tu respeto *pagándole* con dinero tras la lectura. Si vas a un chamán choctaw, este te pondrá la mano en el torso o usará otros métodos tradicionales para ayudarte. Deberías entregarle una manta o tabaco como intercambio por la medicina que te ha hecho. A esta máxima se la conoce como la ley de la gente lince, y la practican los indios americanos, los gitanos, los sufís y las culturas egipcias, entre otros.

Si ha salido la carta del Lince, puedes estar seguro de que los «secretos» están circulando. Si esta es tu medicina personal, deberías escuchar a tu yo superior. Permanece en silencio y presta atención a las revelaciones que recibes en forma de imágenes mentales o a través de una voz aguda y cantarina en tu oído interno. Quizá recibas información en forma de presagios. Puedes estar seguro de que la Madre Tierra te está haciendo señas de alguna manera.

Si el Lince está en tu puerta, escucha. El hermano lince puede enseñarte tu poder personal y aquello que has olvidado acerca de ti. El Lince puede guiarte hacia tesoros perdidos y conectarte con las hermandades, masculinas o femeninas, olvidadas.

Alguna gente medicina cree que la Esfinge del antiguo Egipto no era un león sino un lince. Este lince no dice nada. Con una sonrisa enigmática, el gran gato contempla las arenas de la eternidad.

INVERTIDA

Si el Lince ha aparecido en la posición invertida, es el momento de cerrar la boca. Te has ido de la lengua con tus chismorreos y has revelado un secreto. ¿Estás traicionando una confianza sagrada, o has quebrantado una promesa que le hiciste a un amigo? Si no, quizá te hayas hecho una jugarreta a ti mismo soltándole tu última idea al amigo de un competidor. Vigila tu lengua y abstente de propagar rumores o de hablar de tu última conquista amorosa. Comprueba si en tu estado actual eres capaz de escuchar y de interesarte genuinamente por lo que te cuenta otra persona o por sus ideas. En este plano el Lince está diciéndote que te hagas digno de confianza. Entonces tendrás acceso a los secretos.

Antes de empezar a charlar sin ton ni son deberías asegurarte de tener el cerebro en marcha; de lo contrario meterás la pata en más de una ocasión. Este es el síndrome de «lo sé todo». Está bien, si quieres hablar también puedes coserte las orejas. Al fin y al cabo, hablar no deja espacio para escuchar ni para aprender. El Lince es un maestro duro, y si te has ido de la lengua, prepárate para las consecuencias.

Conviértete en el Lince y sonríe como la Mona Lisa. Solo tú sabrás qué es lo que te hace sonreír. El gato no tendrá tu lengua (la tendrás tú) así como el poder de controlarla.

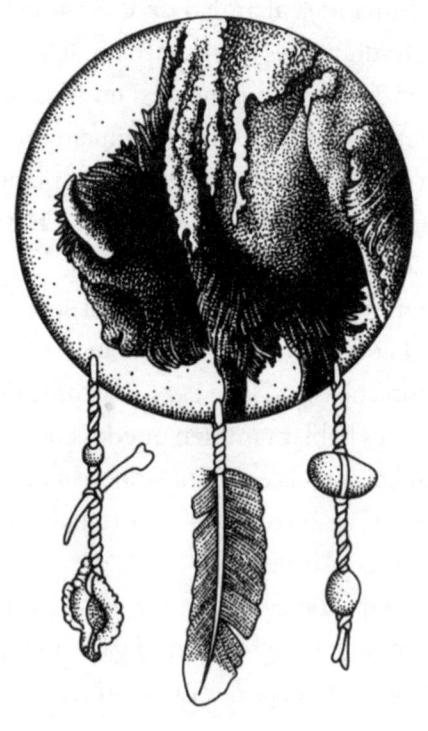

Búfalo…
tú nos brindas
los dones de la vida.
Escucha nuestras plegarias,
elevándose como el humo,
como el Fénix
hemos renacido
en las palabras sagradas.

19
El Búfalo

La plegaria y la abundancia

En la tradición lakota fue la Mujer Ternera Búfala Blanca quien trajo la pipa sagrada al pueblo y le enseñó a orar. La cazoleta de la pipa fue el receptáculo que contenía el tabaco, una hierba con la medicina masculina y femenina. El tubo de la pipa representaba el macho entrando en la hembra y sembrando vida. En la unión de lo masculino con lo femenino se establecía la conexión con la energía divina del Gran Espíritu. Cuando la pipa se cargaba de tabaco, se pedía a todas las familias de la naturaleza que entraran en ella y compartieran su medicina como plegaria y alabanza a los cielos. El humo se consideraba una plegaria visual, y era sagrado y purificador.

Todos los animales son sagrados, pero en muchas tradiciones el búfalo blanco es el más sagrado. Su aparición es una señal de que las plegarias se están escuchando, de que la pipa sagrada está siendo honrada y de que las promesas de la profecía se están cumpliendo. El búfalo blanco marca una época de abundancia y plenitud.

El búfalo era la mayor fuente de sustento de los indios de las llanuras. Les daba carne para alimentarse, pieles para vestirse y mantos cálidos y suaves para los largos inviernos. La Medicina del Búfalo es la plegaria, la gratitud y la alabanza, por lo que ha sido recibido. Es también saber que la *abundancia* está presente cuando se honran todas las relaciones como sagradas y cuando se expresa gratitud a cada parte viviente de la creación.

Por su deseo de compartir los dones que proporcionaba su cuerpo y por su disposición a dejarse usar en la Tierra por el bien general antes de entrar en los territorios de caza del Espíritu, el búfalo no escapaba fácilmente en estampida de los cazadores.

Usar la Medicina del Búfalo es fumar la pipa de una manera sagrada, y cantar alabanzas para que la riqueza de la vida pueda ser compartida con todas las razas, todas las criaturas, todas las naciones y toda la vida. Significa fumar para los demás para que sus necesidades se satisfagan, orar por el bien de todas las cosas en armonía y aceptar el Gran Misterio como parte de esa armonía.

Si te ha salido la carta del Búfalo, puede que se te pida que utilices tu energía en la plegaria. Puede que también se te llame para que seas un instrumento en la respuesta de alguien a una oración. Esto podría presagiar una época de reconocimiento de lo sagrado de cada camino vital, aunque sea distinto del tuyo. Honrar el camino de otro incluso aunque te traiga tristeza es parte del mensaje que nos brinda el Búfalo. Este puede ser un momento de reconexión con el sentido de la vida y el valor de la paz. Con seguridad este momento te brindará serenidad en medio del caos si rezas ardientemente por alcanzar la iluminación y el poder de la serenidad y das las gracias por los dones que ya tienes.

La Medicina del Búfalo es una señal de que no alcanzarás nada sin la ayuda del Gran Espíritu y de que debes ser lo bastante humilde para pedir ayuda y luego estar agradecido por lo que recibas.

Invertida

Recibir el Búfalo invertido es una señal de que has olvidado buscar ayuda cuando era necesaria. Entendiendo el significado de esta carta invertida, podrías preguntarte a ti mismo:

1. ¿He olvidado a mi compañero eterno, el Gran Espíritu?
2. ¿Estoy forzándome a mí mismo con demasiada prisa en el mundo físico e impidiéndome ver la importancia de unirme con la Fuente de toda la vida?
3. ¿Me he olvidado de honrar las costumbres de los otros y concederles el mismo respeto que deseo recibir para mí?
4. ¿Siento que mi vida se está empleando para el mayor bien en este momento?
5. ¿He olvidado estar agradecido por mi vida, mis posesiones, mis talentos, mis capacidades, mi salud, mi familia, o mis amigos?
6. ¿Es el momento de hacer las paces con alguien o con algún conflicto interno a fin de que pueda caminar en equilibrio otra vez?

Conviértete en el Búfalo. Siente cómo el humo de la plegaria y las alabanzas cambian tu manto de búfalo a blanco, a fin de que puedas ser una respuesta a las plegarias del mundo.

Ratón…
Si pudiera ver el mundo
a través de tus pequeños ojos,
quizá entonces sabría
cómo analizar.

Cada detalle tiene valor
y es fiel a su propósito,
tiene un sitio exacto en el rompecabezas
¡para detener el «circo de los tres anillos»!

20

EL RATÓN

El análisis

El Ratón dice: «Lo tocaré todo con mis bigotes para conocerlo». Paradójicamente esto es a la vez un gran poder y una gran debilidad. Ver muy de cerca es buena medicina. Como lo es prestar atención al detalle, pero es mala medicina roerlo todo hasta reducirlo a trocitos.

El ratón tiene muchos depredadores, entre ellos algunas aves, las serpientes y los gatos. Como es alimento para muchos, tiene altamente desarrollada una sensación constante de peligro. Lo que llamamos civilización es un conjunto extremadamente complejo de componentes que exige cada vez más habilidades organizativas y un análisis detallado año tras año. El Ratón es una medicina poderosa para tomarla en estos tiempos modernos. Las cosas que podrían parecerles insignificantes a otros cobran una enorme importancia para el Ratón.

La gente Ratón enoja a muchos otros tipos de medicina porque aparentemente es muy quisquillosa. Este tipo de personas se da cuenta de las hilachas de tu abrigo, aunque el color no desentone. Tratarán de convencerte de que la tarea más sencilla está plagada de dificultades. Tienen fijación por la metodología. Lo dividen, categorizan y archivan todo para un uso posterior. Puede parecer que están acumulando, pero esto es lo último que se le ocurriría a un ratón. Tan solo lo están poniendo todo en orden para poder explorarlo más detenidamente luego.

Los jefes nos cuentan que sin ratones no habría sistematización del conocimiento. El Ratón terminó con el hombre del Renacimiento y dio comienzo a la era de la especialización. Sabía desde el principio que «siempre hay más cosas que aprender». Uno puede siempre profundizar cada vez más y más.

Si tu medicina personal es el Ratón, puede que tengas miedo de la vida, pero serás muy organizado, con un compartimento para cada cosa.

Deberías intentar ver una imagen más amplia de lo que te rodea que la que ya conoces. Desarrolla la generosidad de espíritu. Procura ser consciente de la Gran Danza de la Vida. Comprende que aunque estés sentado en Los Ángeles, también hay un Nueva York, una Luna, un sistema solar, una galaxia y un universo infinito. Salta alto, pequeño amigo. Vislumbrarás la Montaña Sagrada.

Si el Ratón está en tu tirada de cartas, su medicina te está diciendo que *analices*. Que te mires a ti mismo y a los demás atentamente. Quizá ese gran trozo de queso está colocado en un resorte que va a saltar, una trampa mortal. O el gato esté en la despensa esperándote. Quizá alguien en quien has delegado autoridad, como un médico, un abogado o incluso un fontanero, no esté haciendo su trabajo a conciencia. El mensaje es ver lo que está justo delante de tus ojos y actuar en consecuencia.

Invertida

El Ratón en posición invertida puede estar diciéndote que estás empleando mucho tiempo en asuntos muy trascendentes cuando deberías estar pagando una multa de tráfico o barriendo la casa. Puede que te hayas vuelto muy dejado, que hayas desarrollado un desprecio por la autoridad y el orden o que estés posponiendo algo que requiere tu atención inmediata. Trae la Medicina del Ratón al caos de tu vida, y pronto lo tendrás todo limpio y ordenado.

Otro mensaje del Ratón invertido puede ser que estés perdido en una ensoñación acerca de tu importancia en la vida. ¿Te estás preguntando por qué no has sido nominado para un premio de la Academia? No lograrás el reconocimiento si no te haces cargo de los pequeños detalles de la vida y caminas con humildad. Recuerda que todo lo bueno viene a quienes están dispuestos a trabajar por la totalidad. El pequeño ratón necesita ver la totalidad de la imagen, pero solo asimila la información que le da la imagen poco a poco. La expansión puede ser abrumadora, si te olvidas de realizarla paso a paso. La confusión es un producto de «demasiado, demasiado rápido». El pequeño Ratón puede realizar cualquier tarea usando su análisis. Baja tu ritmo y endereza la medicina invertida. Deja de correr tras tu propia cola o de aturdirte por la complejidad del laberinto y empieza a observar los detalles de la senda que tienes delante.

Búho…
magia, presagios,
tiempo y espacio.
¿Emerge la verdad?
Expulsa el engaño
con tu silencioso vuelo,
Ave Sagrada de la Medicina.

21
El Búho
El engaño

La Medicina del Búho se asocia simbólicamente con la clarividencia, la proyección astral y la magia, tanto blanca como negra. En varias ruedas medicinales de maestros amerindios, al búho se le llama águila nocturna. Al Búho se le ubica tradicionalmente en el Este, que es el lugar de la iluminación espiritual. Desde tiempos inmemoriales, la noche, la oscuridad y lo invisible han producido gran temor entre los seres humanos, que esperan con aprensión la llegada del primer rayo de la mañana. Por el contrario, la noche es la aliada del búho.

Esta ave caza a su presa de noche. Tiene la habilidad de ver, localizar e identificar cualquier sonido en la oscuridad, lo que le da una gran ventaja a la hora de buscar comida. El búho es un cazador nocturno. Algunos nativos lo temen y a sus plumas las llaman «plumas engañosas», ya que son muy silenciosas. Al búho no se le oye cuando vuela, pero su presa definitivamente lo siente cuando ataca, pues su pico ganchudo y sus poderosas garras están afilados como cuchillas.

Con frecuencia se asocia la Medicina del Búho con los hechiceros y las brujas. Si el Búho es tu Medicina, te sentirás atraído por las prácticas mágicas y quizá por las artes oscuras. Resiste la tentación de practicar magia negra o cualquier arte que disminuya la energía de otros seres. Si tienes la Medicina del Búho, verás que estas aves nocturnas tienden a merodear a tu alrededor, incluso durante el día, porque sienten una afinidad contigo.

¿Acaso resulta sorprendente que para muchas culturas el búho sea un símbolo de la sabiduría? Es porque puede ver lo que otros no ven, lo cual es la esencia de la verdadera sabiduría. Mientras los demás se engañan, el búho ve y sabe dónde está la verdad.

Atenea, la diosa griega de la sabiduría, llevaba de acompañante a un búho posado sobre su hombro, y este le revelaba las verdades ocultas. Poseía la habilidad de iluminar el lado ciego de Atenea, permitiéndole decir toda la verdad, no solamente la verdad a medias.

Si la Medicina del Búho es tu medicina personal, esto indica que nadie te puede engañar, no importa lo mucho que los demás traten de esconder o disimular sus acciones frente a ti. Tu presencia puede resultar intimidante, ya que mucha gente tiene motivos ocultos que tú puedes captar de inmediato. Si no eres consciente del poder de tu medicina, podrías pensar que no tiene demasiado valor. Pero quienes te rodean se dan cuenta claramente de ese valor. Puede que los asustes y reflejes su ceguera, pues nadie es capaz de engañarte. La Medicina del Búho te permite tener un conocimiento a fondo de lo que late en el interior de los demás, mayor incluso que el conocimiento que ellos tienen de sí mismos.

Si has elegido la carta del Búho, lo que se te pide es que uses tu silencioso y agudo poder de observación para discernir una situación vital. El Búho te está ofreciendo su amistad para ayudarte a comprender toda la verdad. Puede traerte mensajes por la noche a través de los sueños o la meditación. Pon atención a esos mensajes y presagios. La verdad siempre produce mayor entendimiento.

INVERTIDA

Si la carta del Búho se te ha presentado invertida, has sido gravemente engañado por otra persona o por ti mismo. Es posible que alguien haya usado magia negra o brujería para perjudicarte, o quizá las hayas estado utilizando para conseguir algo, cuando en realidad deberías haber estado pidiéndole asistencia y guía al Gran Espíritu. La tarea es reconocer la oscuridad dentro de ti mismo. Mira profundamente en tu interior, y muy pronto la brillante luz del amanecer te iluminará. Entonces deberás preguntarte qué es lo que te mantiene en la oscuridad. ¿Quién te está engañando y cómo? ¿Te has mentido a *ti mismo* con respecto a algo o alguien? ¿Es este un engaño profundo o uno pequeño? El Búho te advierte que cuides tus pertenencias o a tus seres queridos. Recuerda que el Búho siempre pregunta: «¿Quién?».

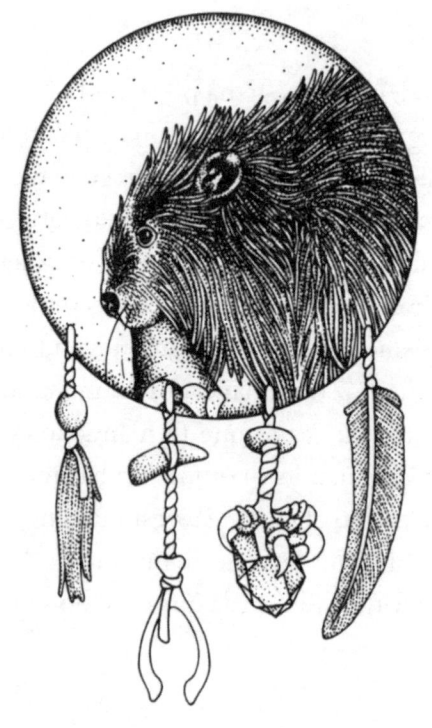

Castor...
ayúdame a construir mis sueños,
incluyendo también otros.

Una mente,
un pensamiento,
corazones que son uno,
lecciones aprendidas de ti.

22

EL CASTOR

El constructor

El castor es el «hacedor» del reino animal. La Medicina del Castor es afín a la energía del agua y de la tierra, e incorpora un fuerte sentido de la familia y del hogar. Si observas los diques que bloquean el fluir del agua en los arroyos de los bosques, verás varias entradas y salidas. Al construir su hogar, el castor siempre prevé muchas salidas alternativas. Esta práctica es una lección para todos nosotros, para que no nos metamos en atolladeros. Si eliminamos nuestras alternativas, dejamos que se estanque en nuestras vidas el flujo de la experiencia. Un hacedor se caracteriza por la laboriosidad, y el Castor sabe que la limitación impide la productividad.

Este roedor está armado con dientes muy afilados y es capaz de hacer caer árboles enteros. Imagina qué pueden hacer estos dientes a los miembros de sus depredadores. En la parte de atrás, está armado con una cola que es como una raqueta de *paddle* que le ayuda a la hora de nadar, así como a proteger sus espaldas. Este pequeño mamífero está bien equipado para defenderse.

Para comprender la Medicina del Castor, podrías considerar el poder que tiene trabajar y alcanzar un sentimiento de logro. Para construir un sueño es necesario trabajar en equipo.

Cumplir una meta con otros implica trabajar con mente de grupo. La mente grupal constituye una armonía del tipo más alto, pues los egos individuales no se interponen en el camino. Cada socio del proyecto respeta los talentos y las capacidades de los demás y sabe cómo completar la parte del rompecabezas que le corresponde. Al trabajar bien con otros se consigue un sentimiento de comunidad, y la unidad se deriva de ello.

Si el Castor ha aparecido en tu tirada, puede ser la hora de que pongas tus ideas en acción o de que finalices un proyecto que has descuidado. Esta carta también te puede estar pidiendo que arregles tus diferencias con tus compañeros de trabajo o con tus amigos. El Castor te habla de buscar soluciones alternativas a los desafíos de la vida y de proteger las creaciones en las que pones tu amor y tu energía.

A veces te advierte de que vigiles tus espaldas. Si este es tu mensaje, lo sabrás por la posición que esta carta ocupe en tu tirada. Si cae en la posición Sur, recuérdale a tu lado infantil que está bien confiar, pero que la precaución es necesaria. Utiliza el discernimiento, y todo irá bien.

Invertida

Si el Castor ha sumergido la cabeza bajo el agua y está invertido, se te pide que abras la puerta a las nuevas oportunidades y que permanezcas atento. Esto también podría ser pertinente en una temporada de pereza o apatía. Encuentra qué es lo que está deteniendo la corriente y elimina el obstáculo. Las preguntas que pueden surgir cuando el Castor aparece en posición invertida son:

1. ¿Me he olvidado de hacer sitio en mi vida para nuevas experiencias?

2. ¿Estoy dispuesto a trabajar con otros?
3. ¿Estoy resentido por el hecho de tener que trabajar?
4. ¿Expreso mi creatividad actuando, o solo sueño con ello?
5. ¿Ha creado mi mente tantos obstáculos a la productividad que me siento un fracasado antes de empezar?

Medita sobre la determinación y la voluntad del castor para trabajar. Visualiza la meta que deseas lograr y disponte a trabajar junto con otras personas para conseguir este fin.

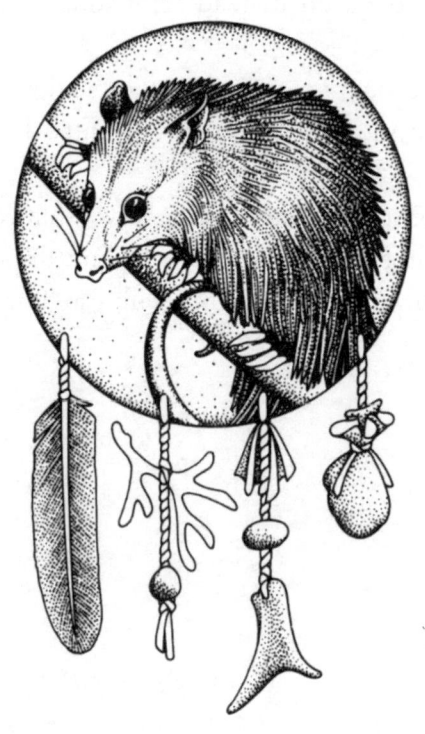

Zarigüeya…
¡date la vuelta!
¿Estás realmente muerta?
¿O solo estás fingiendo?
¿Es por algo que dije?

23

LA ZARIGÜEYA

EL ARTE DE LA DISTRACCIÓN

La mayor forma de protección de la zarigüeya consiste en fingir que está muerta. Al hacer esto confunde a muchos depredadores, que creen que el juego se ha acabado. A menudo el confundido rival se va o mira en otra dirección durante un momento, y la zarigüeya corre a buscar un refugio seguro.

La Medicina de la Zarigüeya emplea mucho la estrategia. Si todo lo demás falla, se finge muerta. Tiene la capacidad de luchar con sus garras y sus dientes, pero raramente usa esta forma de protección. En lugar de ello, cuando su situación se vuelve demasiado difícil acude con frecuencia a la sublime estrategia de la distracción. La zarigüeya lleva a cabo un acto por el que podría recibir un Óscar en el reino animal. Puede segregar el almizclado olor de la muerte a voluntad, lo cual se añade a su representación maestra, lo que confunde a sus enemigos de muchas maneras.

Si la Zarigüeya ha aparecido en tus cartas, se te pide que uses la estrategia en alguna circunstancia actual. Confía en tus instintos para que te saquen de la mejor manera de las situaciones comprometidas. Si tienes que aparentar estar apático o no tener miedo, ¡hazlo! A veces, si rehúyes luchar o mostrar que las palabras hirientes te molestan, la persona que te atormenta ya no encontrará más diversión en el juego. Los guerreros han usado la Medicina de la Zarigüeya durante siglos, fingiendo estar muertos cuando el enemigo se acerca y los supera en número. Después, en un instante, cuando el enemigo menos se lo espera, se oye el grito de guerra. El susto que se llevan los desprevenidos oponentes los confunde aún más. La victoria es dulce cuando la estrategia implica una proeza tanto mental como física.

La Zarigüeya te puede estar transmitiendo que esperes lo imprevisto y que seas inteligente con el fin de conseguir tu victoria. Podría ser una victoria sobre un vendedor molesto o un vecino entrometido. En esencia, la Zarigüeya te está indicando que uses tu cerebro, tu sentido del drama y la sorpresa con el fin de que saltes por encima de algún obstáculo a tu progreso.

INVERTIDA

En la posición invertida, la Zarigüeya te puede estar advirtiendo de que no te quedes atrapado en el drama del actual escenario de tu vida. «Cerrar los ojos y dramatizar» puede evitar que veas la verdad de una situación. Puede ser que te apuntes al melodrama, sea protagonizado por ti o por otros. O puede ser que te finjas muerto si estás justificando tus actos con una trágica rutina de víctima. Si esto no se aplica a tu situación, echa un vistazo a la posibilidad de que recientemente hayas estado dando excusas acerca de por qué no quieres hacer algo en lugar de decir la verdad. Al temer herir los sentimientos de otro puedes haberte atrapado a ti mismo en una pauta de justificación: «Me encuentro mal», «Soy demasiado pobre», «Estoy vigilando mi peso», «Soy demasiado bajo», «Soy demasiado alto», «Estoy muy triste», «Estoy ocupadísimo», «Me siento exhausto», etc.

Al tener que defenderte con excusas, puedes haber perdido el Norte. ¡No tienes que defender tu derecho a ser! El ejercicio consiste en aprender a decir cortésmente que algo no es adecuado para ti en este momento. ¡Eso es todo! No le debes ninguna excusa a nadie. Aprende a imitar a la zarigüeya y a fingirte muerto, en el sentido de que la mejor estrategia es no defenderse. Al asumir el punto de vista de la ausencia de defensa, has escogido el derecho de ser quién y qué eres sin tener que acudir a juegos.

El uso correcto de la distracción es saber cuándo no necesitas utilizarla en absoluto. No tienes la obligación de excusarte con nadie por la manera en que te sientes o por lo que eliges experimentar.

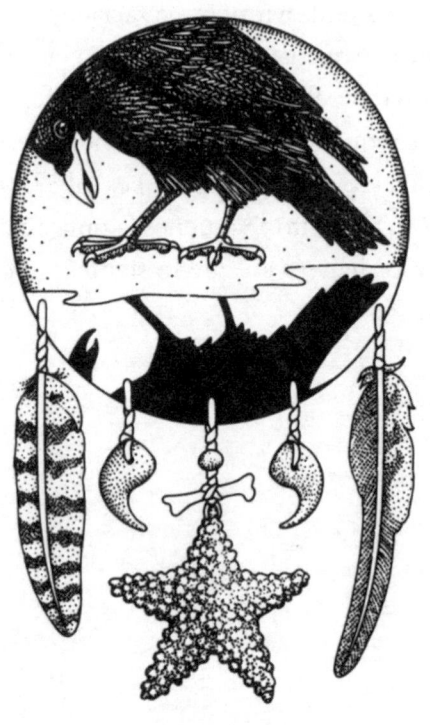

Corneja…
¿estás graznando
para que yo pueda saber
los secretos del equilibrio
dentro de mi alma?
¿O me estás enviando
tu sagrado graznido
solo para recordarme
las leyes universales?

24

LA CORNEJA

LA LEY

Hay un cuento de medicina que habla de la fascinación de la corneja con su propia sombra. Estuvo mirándola, rascándola, picoteándola, hasta que la sombra despertó y cobró vida. Después, la sombra devoró a la propia corneja. Ahora la corneja es la Corneja Muerta.

La Corneja Muerta es el Guardián Zurdo. Si miras profundamente dentro de sus ojos, encontrarás la puerta de entrada a lo sobrenatural. La Corneja conoce los inescrutables misterios de la creación y es la guardiana de toda Ley Sagrada.

Puesto que la Corneja es la guardiana de la Ley Sagrada, puede *doblar* las leyes del universo físico y cambiar de forma. Esta capacidad es extraordinaria y única. Tiene pocos adeptos en el mundo de nuestros días, y aún menos han adquirido la maestría del arte del cambio de forma. Este arte incluye duplicarse —estar en dos lugares a la vez *conscientemente*—, adoptar otra forma física y convertirse en la «mosca de la pared» que observa lo que ocurre a lo lejos.

Los europeos que llegaron a Norteamérica fueron denominados «la gente de los botes» por los nativos. Incluso la «gente de los botes» que sabía de alquimia no había visto nunca el poderoso cambio de forma de los chamanes que utilizaban la

Medicina de la Corneja. Mucha «gente de los botes» se asustaba por lo que parecían ser animales que entraban en sus campamentos y viviendas para descubrir su medicina. La gente de la Medicina de la Corneja son maestros de la ilusión.

Todos los textos sagrados están bajo la protección de la Corneja. El Libro de las Leyes o Libro de los Sellos del Creador está encuadernado con plumas de esta ave, las cuales hablan del espíritu hecho carne. La Corneja es también la protectora del *ogallah* (o registros antiguos).

Los cinturones de la Ley Sagrada, o cinturones Wampum, que fueron confeccionados por las mujeres nativas mucho antes de que la «gente de los botes» o europeos llegaran a Norteamérica, contienen el conocimiento acerca de las leyes del Gran Espíritu y son conservados en las Logias Negras, las logias de las mujeres. La ley que afirma que «todas las cosas han nacido de la mujer» está simbolizada por la corneja.

Se enseña a los niños a comportarse según las normas de una determinada cultura. La mayor parte de los sistemas religiosos ortodoxos han creado mandatos relativos al comportamiento que es aceptable en el contexto de los asuntos mundanos: «Haz esto y lo otro, e irás al cielo; haz eso otro, e irás al infierno». Cada «religión verdadera» cuenta con distintas fórmulas para la salvación, de obligado cumplimiento.

La ley humana no es la misma que la Ley Sagrada. Más que ninguna otra medicina, la de la Corneja ve que el mundo físico e incluso el mundo espiritual, tal como la humanidad los interpreta, son ilusorios. Hay miles de millones de mundos. Hay infinidad de criaturas. El Gran Espíritu está dentro de todas ellas. Si un individuo obedece las perfectas leyes de la Corneja como otorgadas por el Creador, en el momento de su final ese individuo tendrá una muerte de Buena Medicina: irá hacia su próxima encarnación con recuerdos claros de su pasado.

La Corneja es un augurio del cambio. Vive en el vacío y no tiene sentido del tiempo. Los antiguos jefes nos dicen que ve simultáneamente los tres destinos —el pasado, el presente y el futuro—. La Corneja fusiona la luz con la oscuridad, de modo que percibe tanto la realidad interior como la exterior.

Si la Medicina de la Corneja aparece en tu tirada de cartas, debes hacer una pausa y reflexionar sobre cómo ves las leyes del Gran Espíritu en relación con las leyes de la humanidad. La Medicina de la Corneja significa un conocimiento de primera mano y de orden superior acerca de lo que está bien y lo que está mal que el indicado por las leyes creadas en la cultura humana. Con la Medicina de la Corneja hablas con voz poderosa cuando te ocupas de cuestiones que te parece que están fuera de armonía, fuera de equilibrio, fuera de control o que son injustas.

Recuerda que la Corneja mira el mundo primero con un ojo y después con el otro, porque es bizca. En la cultura maya, los bizcos tenían el privilegio y la obligación de ver el futuro. Debes apartar tu miedo de ser una voz en el desierto y «graznar» las cosas tal como las ves.

A medida que aprendas que tu *integridad personal* es tu guía, tu sentimiento de soledad se desvanecerá. Tu *voluntad personal* aflorará entonces, y podrás permanecer en tu verdad. La principal senda de las personas verdaderamente afines a la Medicina de la Corneja dice que estés atento a tus opiniones y acciones. Disponte a actuar según hablas, a decir tu verdad, a conocer la misión de tu vida y a equilibrar el pasado, el presente y el futuro en el ahora. Cambia de forma esta vieja realidad y conviértete en tu futuro yo. Permite que se doblegüen las leyes físicas para ayudar a crear un nuevo mundo de paz.

Invertida

¿Así que hoy te hallas fuera de la ley? Este es uno de los variados mensajes de la Corneja en posición invertida. ¡El rebelde que hay en ti ha proferido un alarido, y está a punto de desatarse todo un infierno!

Un sabio consejo en relación con esto: si decides ofender a alguien, asegúrate de contar con algún respaldo. El catalizador de las peleas en los bares es normalmente la persona que tiene los dos ojos morados. Esto es lo que significa, en inglés americano, «comer corneja» (en español, «tragarse uno sus propias palabras» [o acciones]).

Si no tienes la intención de llegar hasta estos extremos, la Corneja en posición invertida puede indicar que estás sencillamente haciendo «un poco de trampa» en tu dieta, que estás observando secretamente la disputa que mantienen tus vecinos o que estás pensando que «las promesas están hechas para no cumplirlas». En cualquiera de estas situaciones, quien sale perdiendo eres tú. Si te estás autoengañando en algún nivel, has perdido el poder de la Corneja. Piensa en ello, y tal vez tu verdad interior acudirá a ti.

Al ver lo que es verdad, puedes necesitar eliminar creencias o ideas pasadas para traerte a ti mismo al momento presente. La Corneja en posición invertida habla de la necesidad de recordar que la Ley Divina no constituye el juicio o la negación de las propias verdades. La Ley Divina respeta la armonía que procede de una mente pacífica, de un corazón abierto, de una lengua veraz, de un paso ligero, de una naturaleza perdonadora y del amor hacia todas las criaturas vivientes. Honra al pasado como tu maestro, honra al presente como tu creación y honra al futuro como tu inspiración.

Negarte a honrar los cambios que tengan lugar en tu realidad te puede causar dolor emocional. Parece que tiene lugar una implosión de energía cuando la rebelión asoma a la superficie. La Corneja en posición invertida habla de que se ha quebrantado la ley. La ley de la expansión se quebranta por medio de la represión. Esto puede aplicarse a una situación, a un viejo hábito, a una persona a quien hayas dado tu autoridad o a tus propios miedos. Siempre se trata de tu propia creación, de modo que llama a la Corneja y cambia esta creación por tu nueva realidad.

*Zorro…
¿dónde estás?
¿Bajo los helechos?
¿Convirtiéndote en el bosque,
para que yo pueda aprender?*

*¿Estás observando,
invisible a mis ojos?
¿Estás intentando enseñarme
a convertirme en un árbol?*

25

EL ZORRO

EL CAMUFLAJE

El astuto zorro tiene muchos aliados en el bosque, incluido el follaje, que ofrece protección y mucha medicina. Parece capaz de desvanecerse entre la exuberante maleza del bosque. Esta flora es su aliada. La capacidad de fusionarse con el entorno es un poderoso don cuando uno está observando las actividades de los demás.

Otro don natural del zorro es su capacidad de adaptarse al invierno cambiando de color, como el camaleón. Su blanco y grueso abrigo de invierno le permite confundirse con la nieve cuando las hojas ya han caído. La Medicina del Zorro incluye la adaptabilidad, la astucia, la observación, la integración y la agilidad de pensamiento y acción. Estos rasgos también pueden incluir una rápida capacidad de decisión y pisar sobre seguro en el mundo físico.

La capacidad del zorro de hacerse invisible le permite ser el protector de la unidad familiar. Si surge el peligro, este astuto animal aparece enseguida. Nanih Waiya, el Gran Espíritu en la lengua choctaw, lo honra con el deber de mantener a la familia unida y segura. Esto se logra gracias a la capacidad del zorro de observar sin ser visto, lo que evita que los demás se sientan cohibidos. El zorro está siempre preocupado por la seguridad de los miembros de la familia y es un excelente talismán para aquellos que viajan lejos.

Si el Zorro ha decidido compartir su medicina contigo, es señal de que vas a ser como el viento, que es invisible pero capaz de soplar en cualquier lugar o situación. Tienes la sabiduría de observar los actos de los demás antes que sus palabras. Utiliza tu naturaleza astuta de manera positiva; mantén el silencio sobre qué, a quién y por qué estás observando. Al aprender el arte del camuflaje, necesitas poner a prueba tus capacidades.

Una prueba o ejercicio que te puede resultar útil es decidir ser invisible. Al hacer este ejercicio, intenta visualizar tu cuerpo como formando parte del entorno, imbuido de los colores del lugar donde estás. Obsérvate a ti mismo en la pantalla de tu mente, moviéndote con cautela y elegancia, sin que los demás te perciban. ¡Si lo haces bien, funciona! Puedes abandonar una fiesta sin que nadie se dé cuenta o permanecer tan discreto como un mueble, pendiente del desarrollo de la escena que estás observando.

Mientras aprendes del zorro puedes también adquirir confianza en tu capacidad de saber al instante qué es lo siguiente que va a suceder. Después de observar durante un tiempo, te harás consciente de cierta predictibilidad en determinadas situaciones y serás capaz de efectuar tus movimientos con rapidez. La Medicina del Zorro enseña el arte de la unidad por medio de su comprensión del camuflaje. Esto se aplica a todos los niveles, desde las rocas hasta Dios. Con la Medicina del Zorro, se te pide que veas toda clase de usos de la Unidad.

Como los payasos de rodeo, el zorro puede evitar que el toro furioso embista contra un amigo o familiar. Puede emplear tácticas aparentemente absurdas como brillantes estrategias de camuflaje. Nadie podría adivinar el poder de disimulo que hay detrás de unas maniobras tan ingeniosas.

INVERTIDA

¡Si el Zorro ha aparecido en posición invertida ten cuidado con este astuto animal! Alguien puede estar observándote e intentando adivinar tu próxima jugada. Si miras más profundamente, sin embargo, puede ser que te estés observando a ti mismo para demostrarte que existes. Si te has convertido en una flor del papel de la pared hasta el punto de desaparecer, puede ser que tengas que decidir si vale la pena que sigas pasando tan inadvertido.

El Zorro en posición invertida es tan necio como astuto. Puede ser que te hayas autoengañado con la creencia de que tu baja autoestima tiene como causa que has nacido poco atractivo o el hecho de que llevas una vida ordinaria. Este es un tipo distinto de camuflaje, en el que has ocultado tu verdadero deseo de experimentar la vida con tus amigos, con alegría y con sentido. En cualquier caso, se te advierte de que te hagas consciente de tu apatía y de tu aburrimiento autoinducidos. Puede ser que necesites cavar hondo para encontrar qué es lo que te motiva lo suficiente como para que puedas escabullirte del páramo de tus sentidos embotados y *vivir*.

El Zorro invertido también puede estar diciéndote que te has vuelto *demasiado visible*. Si has escalado hasta un puesto de reconocimiento, muy posiblemente habrá personas que te arrojen su envidia o sus celos a la cara. Si te estás sintiendo atacado, retírate; puede que sea el momento de adoptar la actitud del ermitaño y de que te cubras con el manto de la invisibilidad. Para poner derecho al Zorro en este caso, llama al Armadillo y pon tus límites. Después convoca al protector de la familia para que te enseñe el arte del camuflaje. Una vez que estés fuera del frente de combate, puedes volver a asumir tu personalidad astuta.

Conviértete en el Zorro y experimenta el gozo de conocer el campo de juego de tu vida. Puede ser que encuentres el gallinero lleno de interesantes y deliciosos bocados.

Ardilla…
has hecho acopio
de nueces en abundancia,
previendo exactamente
si necesitarías más.

Enséñame a no tomar
más de lo que necesito
y a confiar en el Gran Misterio
para cosechar lo sembrado.

26

LA ARDILLA

Hacer acopio

La ardilla te enseña a planificar de cara al invierno, cuando los árboles están pelados y las nueces hace tiempo que han desaparecido. La Medicina de la Ardilla se puede hacer presente de infinidad de maneras, pues esta peluda criatura tiene muchas naturalezas. El comportamiento errático de la ardilla ha derrotado a muchos cazadores desesperados, y esta es la razón de que sea beneficioso el hecho de ser capaz de rodear una rama a la velocidad de la luz. Este comportamiento errático también puede enfermarte de los nervios si estás tratando con personas que tienen la Medicina de la Ardilla. ¡Intentar apaciguarlas lo suficiente para llevar a cabo algo puede volverte loco!

El poder de la ardilla de hacer acopio es un gran don. Te enseña cómo reunir y conservar tu energía para tiempos de necesidad. Te enseña a reservar algo para un uso futuro, ya se trate de un juicio, una opinión, una cuenta de ahorros, velas o comida extra. En pocas palabras, la ardilla es el *boy scout* del reino animal. Siempre está preparada.

En el mundo actual de tiempos y fortunas cambiantes, la ardilla es la persona sabia que se prepara para el futuro. Todas las profecías han hablado del fin del milenio y de los cambios que se avecinan. La de la ardilla es una favorable medicina de la que disponer, a la luz de posibles días difíciles en el futuro. Su mensaje es el de estar preparado, pero no volverte loco por ello. Ámate lo suficiente para reunir los bienes que van a cubrir tus necesidades en tiempos de escasez, incluso si estos tiempos nunca llegan.

Si la Ardilla se ha deslizado hoy entre tus cartas, puede ser que se te pida que honres tu futuro preparándote para los cambios. El mensaje puede ser que aligeres tu carga si has reunido demasiadas «cosas» que no te sirven. Estas «cosas» pueden incluir pensamientos, preocupaciones, presiones, tensiones u objetos que llevan años rotos. Para comprender el equilibrio inherente al hecho de hacer acopio, tienes que considerar la idea de hacer que circule lo que has reunido. Acude a la tienda de segunda mano más cercana o da lo que no uses a alguien a quien pueda resultarle útil.

Si observas lo que es obvio, la Ardilla tiene otra lección que puede ayudarte a prepararte para cualquier cosa. Tiene que ver con la seguridad del lugar donde depositas lo que has reunido. Este lugar seguro es un corazón y una mente carentes de preocupaciones, y que aquello que hayas reunido para guardarlo en ese lugar sea la sabiduría y el cuidado de los demás. Las energías acumuladas harán que tu corazón y tu mente sean libres, de manera que sabrás que todo será atendido a su debido tiempo. Aplica esto a tus miedos sobre el futuro, y se desvanecerán.

Invertida

La medicina de la Ardilla en posición invertida es el acaparador: una persona temerosa que espera lo peor y que está atascada en la espera. La trampa es aguardar a que ocurra algo. No actuar equivale a estancarse, pero un poco de la energía errática de la ardilla puede lograr que las cosas se pongan en movimiento. Si la Ardilla está colgando al revés de tu rama, puede ser que hayas empezado a ver el mundo a través de los opuestos, acumulando tus pensamientos de abundancia de tal manera que el miedo a la escasez se haya apoderado de ti. Puedes preguntarte:

1. ¿He negado mi capacidad de producir suficiente espacio para que la abundancia entre en mi vida?
2. ¿He negado mi conexión con la Madre Tierra, desde la que fluye todo lo que existe?
3. Al moverme con demasiada rapidez, ¿he asumido la naturaleza errática de la ardilla sin enfocarme en nada?
4. ¿Estoy permitiendo que mi energía se fugue hacia las preocupaciones en lugar de reunir poder estando preparado?

Recuerda que un miembro de la familia de la ardilla reunió la energía del águila y se conectó con el Gran Espíritu. Ahora, esa ardilla puede volar.

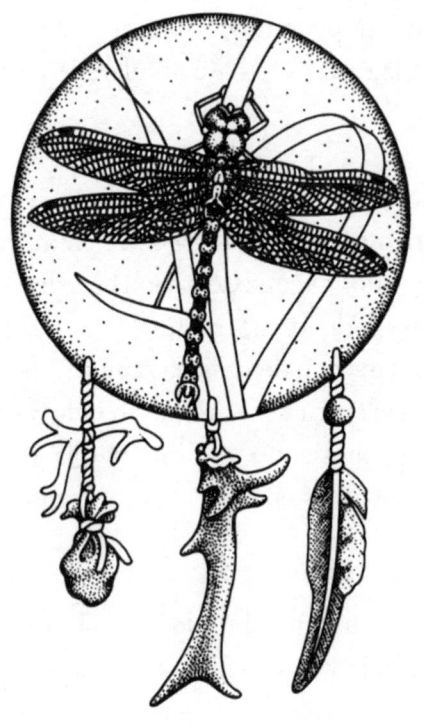

La libélula…
rompe ilusiones,
trae visiones de poder.
No hay necesidad de probarlo;
¡ahora es el momento!

Sabe esto, cree esto:
el Gran Espíritu intercede
alimentándote, bendiciéndote,
cubriendo todas tus necesidades.

27

La Libélula

La ilusión

La Medicina de la Libélula es la del tiempo del sueño y de la ilusoria imagen que aceptamos como realidad física. La iridiscencia de las alas de la libélula nos recuerda colores que no encontramos en nuestra experiencia diaria. Los cambios de color, energía, forma y movimiento de este insecto estallan en la mente del observador, trayéndole vagos recuerdos de un tiempo o lugar en que reinaba la magia.

Algunas leyendas cuentan que la libélula una vez fue dragón, y sus escamas eran como las alas de la libélula. El dragón estaba lleno de sabiduría, y volaba por la noche aportando luz con su ardiente aliento. Su aliento produjo el arte de la magia y la ilusión del cambio de forma. Después quedó atrapado en su propia imagen: el coyote lo engañó para que cambiara de forma, y la apariencia de su nuevo cuerpo pasó a ser la de la libélula. Al aceptar el desafío de demostrar su poder y sus destrezas mágicas, el dragón perdió su poder.

La libélula es la esencia de los vientos del cambio, de los mensajes de sabiduría e iluminación y de la comunicación con el mundo de los elementales. Dicho mundo está constituido por los diminutos espíritus de las plantas y por los de los cuatro elementos (aire, tierra, fuego y agua). En esencia, ese mundo está lleno de espíritus de la naturaleza.

Si la Libélula ha volado hoy hasta tus cartas, puede ser que te hayas olvidado de regar tus plantas. En otro nivel, tal vez necesites dar las gracias por los alimentos que ingieres para sostener tu cuerpo. En el nivel psicológico, puede que sea el momento de romper las ilusiones que has estado manteniendo y que restringen tus acciones o tus ideas.

La Medicina de la Libélula siempre te indica que busques aquellos aspectos de tus hábitos que necesitas cambiar. ¿Has engordado demasiado, o has empezado a parecer un espantapájaros? ¿Has ido hacia los cambios que has querido hacer en tu vida? Si sientes la necesidad de cambiar, llama a la Libélula para que te guíe a través de las brumas de la ilusión hacia la senda de la transformación.

Mira cómo puedes aplicar el arte de la ilusión a tu actual pregunta o situación, y recuerda que las cosas no son nunca del todo como parecen ser.

Invertida

¿Estás intentando demostrarte a ti mismo o demostrar a alguien que tienes poder? ¿Estás atrapado en una ilusión que debilita tus auténticos sentimientos o minimiza tus capacidades? Si es así, tal vez has contratado el bombardeo en picado de la libélula. ¿Es este el abrupto final de algún sueño que no tenía propósito alguno? Mira en tu interior y percibe la energía del sentido del yo en ti. Nota si está menguando y encuentra el punto en el tiempo en que fuiste engañado de tal modo que creíste que serías más feliz si cambiabas porque alguien quería que lo hicieras. La tristeza es la primera señal de que has perdido tu voluntad y tu valía personal, a partir de que adoptaste la idea de otra persona acerca de quién o qué deberías ser. La ilusión fue creer que serías más feliz en caso de hacerlo a su manera. Al renunciar a lo que sabes que es correcto y verdadero para ti, entregas tu poder. Es hora de que lo recuperes.

Sigue a la libélula a ese lugar de tu cuerpo donde la magia aún está viva y bebe profundamente de su poder. Esta fuerza te pertenece. Es el poder de convertirte en la ilusión. Esta capacidad está cambiando constantemente y contiene en ella el conocimiento de que lo estás creando todo.

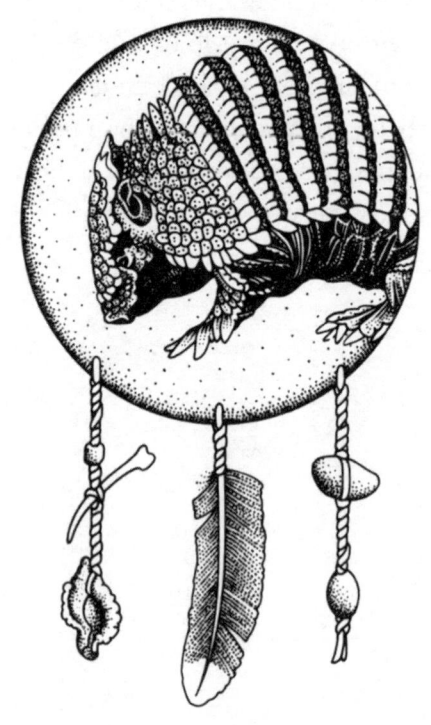

Armadillo…
blinda mis fronteras,
enséñame mi protección,
refleja todo el daño,
para que no me rinda.

28

El Armadillo

Los límites

El armadillo lleva su armadura en la espalda; esta parte de su cuerpo es su medicina. El cordón de seguridad que lo rodea es una parte constitutiva de su ser. El armadillo puede hacerse una bola y volverse impenetrable para sus enemigos.

¡Qué buena cualidad es marcar tus límites para que las palabras o las intenciones dañinas simplemente te resbalen! Tu lección consiste en decidir qué es lo que quieres experimentar. Si no deseas sentirte invadido, no tienes más que invocar la Medicina del Armadillo.

Una idea de cómo proceder es dibujar un círculo en un papel y verlo como un Escudo de Medicina. En el interior del escudo escribe todo lo que deseas tener, hacer o experimentar. Incluye todo lo que te da alegría. Esto establece los límites que permiten que solo esas experiencias elegidas sean parte de tu vida. Estos límites se convierten en un escudo que repele aquello que no quieres. El escudo refleja lo que eres y lo que tu voluntad es para los demás a nivel inconsciente. Fuera del escudo puedes poner lo que desees experimentar «solo por invitación», por ejemplo una visita de un pariente al que no has visto desde hace mucho tiempo, la crítica de un amigo o gente que necesita algo.

Si el Armadillo se ha abierto paso con su contoneo hasta las cartas que elegiste, es hora de que definas tu espacio. Quizá hayas estado demasiado dispuesto a dejar que tu casa se convierta en una estación de autobuses. Puede que descubras que no puedes decir «no», ni siquiera cuando sabes que tendrás que cancelar tus planes para complacer a los demás. ¡Uno puede cansarse de esto bien rápido!

Puede que haya llegado el momento de que te hagas las siguientes preguntas:

1. ¿Estoy respetando el tiempo que necesito para mi propio disfrute personal?
2. ¿Me están tratando los demás como una alfombra?
3. ¿Por qué siempre me fastidia que los otros den mi ayuda por sentada?
4. ¿Hay alguna razón para que siempre diga «sí»?

Todas las respuestas a estas preguntas tienen que ver con el hecho de poner límites: qué harás y qué no harás; qué es lo que te hace sentir incómodo y qué es lo que te hace sentir bien. Cómo reaccionas en cualquier circunstancia dada tiene que ver con tu capacidad de ser objetivo. No puedes ser objetivo si eres incapaz de separar dónde termina la personalidad del otro y dónde comienza la tuya. Si no tienes límites, eres como una esponja. Te parecerá que todos los sentimientos en una habitación llena de gente deberían ser tuyos. Pregúntate si te sientes deprimido realmente o si en realidad este sentimiento le pertenece a la persona con la que estás hablando. Después permite que la armadura del armadillo os separe de un tajo y te devuelva el sentido de tu propio ser.

INVERTIDA

Adelante, hazte una bola y escóndete. Este es, sarcásticamente, el mensaje del Armadillo invertido. Quizá pienses que la única forma de ganar en tu situación actual es escondiéndote, o fingiendo que estás recubierto de una armadura y que eres invencible, pero esa no es la forma de crecer. Es mejor abrirse y descubrir la fuerza de tu vulnerabilidad. Si lo haces experimentarás algo maravilloso.

La vulnerabilidad es la clave para disfrutar los dones de la vida. Al permitirte a ti mismo sentir, una miríada de expresiones se ponen a tu alcance. Por ejemplo, un cumplido sincero es un flujo de energía de admiración. Si tienes miedo a que te hagan daño, y te escondes para no sentir nada, nunca sentirás la alegría de la admiración de los demás.

La clave está en permitir que el Armadillo te ayude a dejar de esconderte y usar su armadura para desviar energías negativas. De esta forma puedes aceptar o rechazar cualquier sentimiento, acción o flujo de energía sin tener que esconderte de ellos.

La parte de abajo del armadillo es blanda, pero su armadura lo protegerá si los límites están bien establecidos. Esconderte de tus verdaderos sentimientos y tener miedo del fracaso o el rechazo aumentarán la necesidad de una protección forjada en hierro. Tienes el poder de deshacerte de estas dudas y ponerte en contacto con la parte más profunda de tu ser. Sabrás que estás haciendo lo correcto. Ya sea comunicándote, pintando o haciendo surf: la creación te pertenece.

El único rechazo verdadero consiste en no intentar romper con la armadura que has usado para protegerte. ¿Se está convirtiendo ahora la armadura en una cárcel, y tus miedos en el carcelero?

Tejón, tejón, tejón…
Mientras vas en pos de tu meta,
conoce el poder interior
que vive en tu alma.

29

El Tejón

La agresividad y la resolución

El tejón es violento, y ataca con poderosa agresividad. Es rápido a la hora de enfadarse y más rápido aún a la hora de atacar. El poder de la Medicina del Tejón es la agresividad y la disposición a luchar por lo que quiere.

El solo pensamiento de enfrentarse a él hace que los otros animales se apresuren a guarecerse. Como en el caso de la mofeta, su reputación le precede. Sus colmillos silbantes dejarán a sus oponentes menos agresivos hechos jirones.

El Tejón es la medicina de muchas poderosas mujeres medicina, puesto que es también el guardián de las raíces medicinales. El tejón ve las raíces de todas las hierbas curativas de la Madre Tierra colgando en el interior de su madriguera. Estas raíces son clave para conseguir una curación contundente.

Las raíces pueden canalizar energías negativas hasta la Tierra al permitir que la enfermedad pase a través del cuerpo hasta el suelo, donde es recibida como una energía neutra. Las personas conectadas con la Medicina del Tejón son rápidas a la hora de actuar en una situación crítica, y no son presas del pánico.

Si el Tejón forma parte de tu medicina, eres rápido a la hora de manifestar tus sentimientos, sin que te importen las consecuencias. Las personas conectadas con el Tejón insisten en tener el balón para marcar el gol. Con esta actitud, sin embargo, no se hacen querer por sus compañeros de equipo.

La Medicina del Tejón también puede hacer referencia al sanador resuelto que tiene el coraje de usar medios no convencionales para lograr la curación. Como la madre que se sienta durante días al lado de su hijo aquejado de fiebre alta para atenderlo, el tejón está dispuesto a perseverar.

La persona Tejón puede ser cotilla implacable o bien mostrar resentimiento si se ha perdido el equilibrio. Puedes estar seguro de que las personas conectadas con la Medicina del Tejón serán lo suficientemente combativas como para llegar a lo alto en el campo que hayan escogido, puesto que no se rinden. También son los mejores sanadores, porque emplearán todos y cada uno de los métodos que aseguren la curación y no se rendirán cuando se hallen frente a un enfermo en estado crítico.

La persona Tejón es a menudo «el jefe» a quien todos temen. Este mismo jefe mantendrá seguramente la empresa a flote. El Tejón lleva a término sus tareas. Su certeza es una fuente de fuerza.

Si el Tejón se ha abierto paso hoy hasta tus cartas, puede estar diciéndote que has sido poco contundente a la hora de intentar lograr algún objetivo. Te pregunta durante cuánto tiempo estás dispuesto a esperar sentado a que el mundo te ponga por delante todo lo que anhelas.

La clave de esta medicina es que seas lo suficientemente combativo como para hacer algo en relación con el estado actual de tus asuntos. El Tejón te enseña a enojarte, en un sentido creativo, y a que digas: «No voy a aguantar más esto». Debes seguir, siempre con el ojo puesto en tu objetivo. Honra el proceso sanador al que te lleva expresar estos sentimientos que guardas dentro.

Sé resuelto, pero no hagas trizas a aquellos con quienes te tropieces por el camino; esto sería ser demasiado agresivo. Usa tu enfado para dejar de perder el tiempo, de modo que tus baches de apatía sean un asunto del pasado. La Medicina del Tejón es apropiada cuando se emplea de forma adecuada para el mejoramiento de sí mismo.

Recuerda que el tejón puede estar señalando un tiempo en que puedes usar tus capacidades sanadoras para seguir adelante en la vida. Cúrate eliminando resueltamente los obstáculos inútiles. Corta los árboles muertos y utiliza la resolución del tejón para buscar nuevos niveles de expresión. Y usa las raíces de la Medicina del Tejón para mantenerte con los pies en el suelo y centrado en el proceso.

Invertida

¡Alerta! ¡Ahí viene el Tejón, patas arriba y echando humo! Esto puede significar que alguien te está reprendiendo o que has expresado tu ira de una manera insana. Si este es tu caso, recuerda que *toda cólera* deriva de la ira que siente uno hacia sí mismo. Es una cólera debida a la impotencia, erróneamente proyectada hacia los demás.

Si estás enojado con un compañero de trabajo porque le ha dicho al jefe que estás buscando otro empleo, en realidad estás enfadado contigo mismo por no haber guardado el secreto. Si estás irritado con tus hijos porque no te obedecen, probablemente este enfado tiene su origen en tu *miedo* por su bienestar. Este estado de enojo con uno mismo también está presente a menudo cuando tienes «accidentes tontos» (caídas, cortes o rasguños), o cuando chocas con los muebles.

El Tejón en la posición invertida puede aparecer en un momento en que sea conveniente reflexionar acerca de aquello con lo cual te sientes impotente. ¿Se trata de tu falta de combatividad o iniciativa? ¿Es tu miedo a ser criticado o menospreciado si presentas una nueva idea? Tal vez necesitas entrar en contacto con los celos o la envidia que sientes hacia aquellos que están dispuestos a llegar a la cima por medio del trabajo duro.

En posición invertida, el Tejón te enseña los peligros de la timidez y la inseguridad, así como de la agresividad cruel o mal canalizada. Observa tus sentimientos; tal vez solo necesitas desahogarte. Si es así, grita en una almohada y después golpéala unas cuantas veces. Esto seguramente pondrá de nuevo al Tejón en equilibrio. La Medicina del Tejón puede ser difícil, y aprender a usarla correctamente es un don poco común.

En otro contexto, el Tejón invertido puede estar diciéndote que utilices hierbas y raíces para curar tu cuerpo. O bien te pone sobre aviso de que seas consciente de esas áreas de tu vida que necesitan la aportación de la creatividad contundente de otra persona para que despiertes la tuya propia. En cualquier caso, esta carta en posición invertida habla de la necesidad de ser más resuelto en la vida. La inactividad no puede seguir prevaleciendo sin dar lugar a algún tipo de dolor.

Conejito asustado...
Por favor, ¡suelta tu miedo!
Correr no hace que cese el dolor
ni convierte en luz las tinieblas.

30

El Conejo

El miedo

Hace mucho tiempo —nadie sabe cuánto— el Conejo era un guerrero valiente y audaz. Entabló amistad con la bruja Caminante del Ojo. La bruja y el conejo pasaban mucho tiempo juntos compartiendo y hablando; se sentían muy unidos.

Un día la Caminante del Ojo y el conejo iban caminando y se detuvieron a descansar junto al sendero. El conejo dijo:

—Tengo sed.

La bruja tomó una hoja, sopló sobre ella y tendió al conejo una calabaza llena de agua. El conejo se bebió el agua pero no dijo nada. Después dijo:

—Tengo hambre.

La bruja agarró una piedra; sopló sobre ella y la convirtió en un nabo. Ofreció el nabo al conejo para que lo comiera. El conejo lo probó y después lo engulló golosamente. Pero en esta ocasión tampoco dijo nada.

Ambos continuaron por el camino, que conducía a las montañas. Cerca de la cumbre, el conejo tropezó, cayó y rodó casi hasta el fondo de la ladera. El conejo se hallaba en un estado muy lamentable cuando la Caminante del Ojo llegó hasta él. Usó un ungüento mágico para liberarle de su gran dolor y recomponer sus huesos rotos. El conejo no dijo nada. Algunos días después la Caminante del Ojo fue en busca de su amigo. Lo buscó por todas partes, pero no lo encontró. Finalmente se dio por vencida. Un día, se topó con el conejo por casualidad.

—Conejo, ¿por qué te estás escondiendo y me estás evitando? —preguntó la bruja.

—Porque tengo miedo de ti. Tengo miedo de la magia —contestó el conejo, encogiéndose asustado—. ¡Déjame!

—Ya veo —dijo la Caminante del Ojo—. He usado mis poderes mágicos para ayudarte, y tú me vuelves la espalda y rechazas mi amistad.

—No quiero tener nada que ver contigo o con tus poderes —replicó el conejo. Ni tan siquiera advirtió las lágrimas que sus palabras estaban provocando en la Caminante del Ojo—. Espero que nunca nos volvamos a encontrar y espero no volverte a ver.

—Conejo —dijo la bruja—, una vez fuimos grandes amigos y compañeros, pero esto se acabó. Tengo el poder de destruirte, pero a causa del pasado y las medicinas que hemos compartido, no lo haré. Pero desde este día lanzo una maldición sobre ti y tu tribu. A partir de ahora, llamarás a tus miedos y estos acudirán. Sigue tu camino, puesto que las dulces medicinas que nos unían como amigos se han deshecho.

Ahora el conejo es el Llamador del Miedo. Sale de su madriguera y grita:

—¡Águila, tengo mucho miedo de ti!

Si el águila no lo oye, el conejo la llama más alto:

—Águila, ¡mantente lejos de mí!

El águila esta vez ha oído al conejo, de modo que se acerca a él y se lo come. El conejo llama a los linces, a los lobos, a los coyotes e incluso a las serpientes, hasta que acuden.

Como muestra esta historia, las personas de la Medicina del Conejo tienen tanto miedo de las tragedias, de las enfermedades, de los desastres y de que les tomen el pelo que llaman a estos miedos para que acudan a ellas y les den lecciones. Aquí, el punto fundamental es este: ¡aquello a lo que te resistas persistirá! Aquello que más temas es aquello en lo que te convertirás. Esta es la lección. Si tomaste el Conejo, deja de hablar de las cosas horribles que pueden suceder y borra la expresión «¿y si...?» de tu vocabulario. Esta carta puede indicar un momento de preocupación por el mañana o que intentas ejercer tu control sobre lo que aún no tiene forma: el futuro. ¡Detente ya! Escribe en un papel tus miedos y disponte a sentirlos. Lleva tu respiración hasta ellos y siéntelos recorrer tu cuerpo hasta que lleguen a la Madre Tierra. Ofréceselos a ella como un regalo.

INVERTIDA

El Conejo en la posición invertida es el sentimiento paralizante que experimenta el conejo cuando se ve acosado. Si estás intentando resolver una situación en tu vida y eres incapaz de hacerlo, puede ser que te sientas paralizado aunque te muevas. Esto puede indicar que debes esperar que las fuerzas del universo se pongan de nuevo en marcha. También puede indicar la necesidad de que te detengas y tomes un descanso. En cualquier caso, esta carta en posición invertida siempre indica que es el momento de que reevalúes el proceso por el que estás pasando y de que te deshagas de cualquier sentimiento negativo, obstáculo o compulsión. Dicho de otro modo, no podrás ejercer tu influencia hasta que reacomodes tu manera de ver tu actual conjunto de circunstancias.

Para cualquier situación siempre hay una salida, porque la Fuerza Universal siempre está en movimiento. Lo que te permite tener éxito es la manera en que afrontas los problemas.

Capta la indirecta del Conejo. Escóndete en un lugar seguro para cuidarte y suelta tus miedos, hasta que vuelva a ser el momento de regresar al prado, libre de los merodeadores que quieren tomar algo de tu suculenta energía.

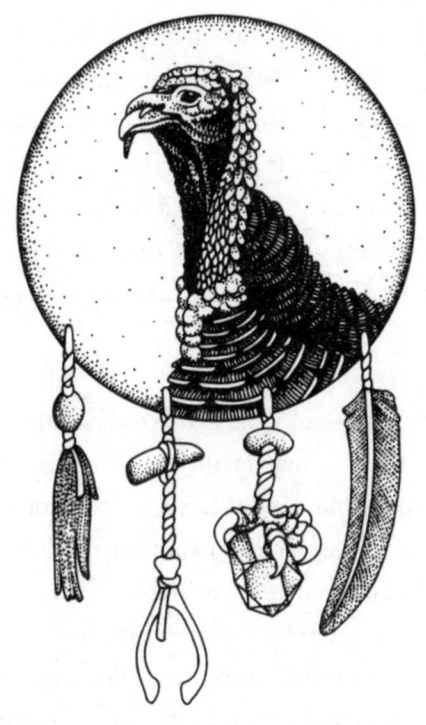

¡Oh, hermano pavo!…
Das libremente
todo lo que eres
para que otros puedan
vivir de verdad.

31

EL PAVO

EL QUE DA

De hecho, se cree que el Pavo es el Águila Dadora o el Águila del Sur de muchos pueblos indígenas. La filosofía del regalo fue practicada por muchas tribus. Dicho de una manera sencilla, es el reconocimiento profundo y permanente de los sacrificios que lleva a cabo uno mismo y de los que llevan a cabo los demás. La gente de la sociedad moderna, que dispone de mucho más de lo que necesita, debería estudiar al noble Pavo, que se sacrifica para que nosotros podamos vivir. En su muerte tenemos nuestra vida. Hónralo.

Aquellos que no están familiarizados con el fenómeno cultural de la ceremonia del *potlatch* o regalo, a menudo se quedan perplejos: un miembro de la tribu puede regalar alegremente todo lo que posee y quedarse sin nada con el fin de ayudar a la tribu. En la vida urbana de hoy día se nos enseña a adquirir y seguir adelante; la persona que más tiene gana la partida. En algunas culturas, nadie puede ganar la partida hasta que *la totalidad de las necesidades del pueblo están satisfechas*. Alguien que exige más de lo que comparte es considerado un egoísta o un loco, o ambas cosas a la vez. Los pobres, los ancianos y los débiles son respetados. Y la persona que más da y que más asume las cargas del pueblo es una de las más respetadas.

El Pavo ha sido la medicina de muchos santos y místicos. Alégrate si cuentas con la Medicina del Pavo; tus virtudes son numerosas. Has trascendido el yo. Actúas y reaccionas en favor de los demás. Aspiras a ayudar a quienes lo necesitan. Y por algún tipo de moralismo hipócrita o por culpabilidad religiosa. El pavo ofrece su ayuda y su sustento con la comprensión de que toda vida es sagrada, de que el Gran Espíritu mora en el interior de todas las personas, de que lo que haces por los demás lo estás haciendo por ti mismo. La Medicina del Pavo se basa en el verdadero ego, en la iluminación. Actuar por el bien de los demás y dar de comer al prójimo es el mensaje de todos los sistemas espirituales verdaderos.

En función de la manera como el Pavo se halle orientado en tus cartas, se te ha concedido un regalo. Este regalo puede ser espiritual, material o incluso intelectual. Será grande o pequeño, pero nunca insignificante. ¡Enhorabuena!; puede ser que acabes de ganar la lotería. O acaso el regalo consista en una hermosa puesta de sol o en el aroma de una flor fragante. Por otra parte, puede que sientas que el «espíritu de dar» está creciendo en ti, y que quiera que compartas con los demás.

INVERTIDA

Sacar la carta del Pavo en posición invertida puede indicar varias cosas. ¿Estás engulléndolo todo por temor a la escasez? ¿Eres demasiado tacaño y te niegas a dar ni un céntimo en concepto de caridad? Puede ser que el Mr. Scrooge[*] que hay en ti haya crecido acostumbrado a los aspectos miserables de la vida. Si no es el caso, tal vez tengas miedo de gastar dinero en este

---

[*]. N. del T.: referencia al avaro protagonista del *Cuento de Navidad* de Charles Dickens.

momento. Otro aspecto del Pavo invertido es la idea de que el mundo te «debe» algo y de que no necesitas reciclar la energía.

En todas las lecturas de la posición invertida, la tónica es que la generosidad de espíritu se está olvidando. Esto puede ser en relación con uno mismo o con los demás.

Recuerda esto: nunca des para recibir. Esto es manipulación. Hay que dar sin pesar y con el corazón alegre. Si no se hace así, el dar ha perdido su auténtico significado.

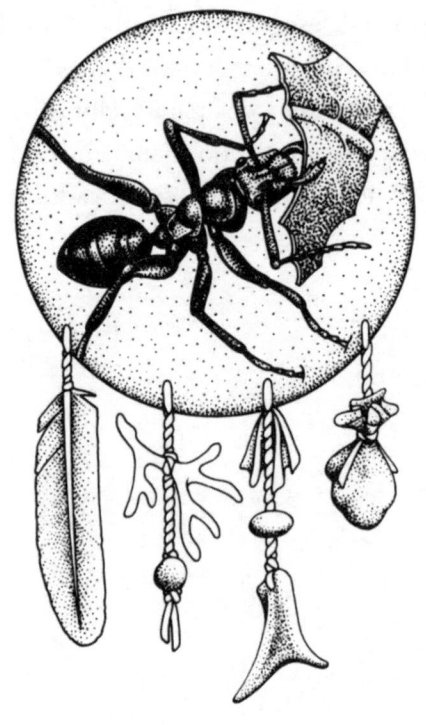

Oh, diminuta hormiga...
Tu paciencia crece,
como las arenas del tiempo.

¿Puedo aprender a ser como tú?
¿O es una aspiración demasiado sublime?

32

LA HORMIGA

La paciencia

Una hormiga puede cargar con una hoja a lo largo de cientos de kilómetros para llevarla al hormiguero. Las hormigas africanas pueden desnudar un bosque cuando la comida escasea, aunque les lleve un año hacerlo. La Medicina de la Hormiga es la estrategia de la paciencia. La hormiga es constructora como el castor y agresiva como el tejón, tiene aguante como el alce, capacidad de escrutinio como el ratón y es generosa como el pavo.

Cada hormiga de un hormiguero es una parte de la mente grupal y todas las hormigas trabajan para la hormiga reina y para la colonia. El autosacrificio forma parte de la Medicina de la Hormiga. Sin embargo, la mayor de todas sus medicinas es la paciencia.

Las personas Hormiga son activas, tienen vocación comunitaria y ven las principales necesidades futuras de su pueblo; además, son planificadoras, como la Ardilla, y están contentas viendo cómo sus sueños se construyen poco a poco. En la sociedad de hoy día esta es una rara virtud.

En el desierto hay un tipo concreto de hormiga que excava un agujero cónico, con el vértice en la parte inferior. La hormiga se tapa con la misma arena y espera pacientemente a que algún insecto desprevenido caiga en el agujero. Al ceder la arena, la presa cae al fondo, solo para encontrarse con las mandíbulas abiertas de la hormiga.

¡La paciencia tiene sus recompensas!

Las personas Hormiga tienen conocimiento de la dulce victoria que aguarda al final del camino. Nunca se preocupan de salir con las manos vacías si llegan tarde al inicio de las rebajas. Si lo que quieren ya se ha vendido, están seguras de que algo igual o mejor estará disponible.

Si cuentas con la Medicina de la Hormiga, comes lenta e intencionadamente y estás satisfecho sabiendo que «lo que te pertenece llegará a ti». Esta comprensión es una buena medicina; muestra confianza en que el universo proveerá.

Si la Hormiga ha llegado hoy hasta tus cartas, es el momento de que muestres un poco de confianza y paciencia en alguna situación de tu vida. Acaso has olvidado que siempre recibirás lo que necesites, en el momento en que más lo necesites. Si eso no se divisa en el horizonte o no está cerca del siguiente hormiguero, puede ser que debas usar alguna estrategia. ¿Cómo puedes empezar a utilizar tu poder creativo hasta que *eso* llegue? (cualquier cosa que «eso» sea para ti en este momento).

La hormiga trabaja para el bien del todo. ¿Y tú? Si tú también lo haces, ten la seguridad de que el todo quiere el mismo bien para ti, y de que se te proveerá con él.

Invertida

¡Cuidado!; si tienes prisa, puedes caer presa de aquellos que no están trabajando por el bien del conjunto de la humanidad. Esos individuos que hacen de la codicia una forma de vida se aprovechan del miedo y la urgencia de aquellos que han olvidado las leyes naturales y tribales. ¡Quieren dinero fácil! Si esta advertencia es pertinente en tu caso, ten cuidado con los abusadores y con los estafadores.

En posición invertida, la Hormiga también te enseña que *confíes* en la ley natural. Si lo haces, a continuación siempre viene la armonía. Tu estúpida impaciencia hará que sea el Coyote el que venga a ayudarte a sabotear tus planes para el futuro, si permites que tu pánico tenga mayor peso que tu sentido común. La clave está en respetar la voluntad del Gran Espíritu.

Comadreja, comadreja, comadreja…
¿Quién está ahora en el gallinero?
Si te lo preguntara…
¡me dirías que es la vaca!

33

LA COMADREJA

EL SIGILO

La Comadreja tiene un increíble caudal de energía e ingenuidad. Sin embargo, es difícil gestionar este tótem de poder. No es por casualidad que la piel del armiño y la de la comadreja sean prendas de la realeza. Los oídos de la comadreja oyen lo que en realidad se está diciendo. Esta es una gran capacidad. Y sus ojos ven por debajo de la apariencia de una situación para conocer sus múltiples ramificaciones. Este es también un talento inusual.

Los jefes mandaron a la comadreja al campamento enemigo para valorar su poder. Cuando regresó, le preguntaron:

—¿Cuáles son las medicinas del enemigo?

La comadreja nunca fallaba a la hora de dar una precisa relación de las fuerzas enemigas, así como de sus puntos fuertes y débiles. Fue ella la que, entre lágrimas, comunicó a los pueblos nativos que iba a llegar por mar el hombre blanco:

—Estos hermanos tienen unas medicinas nuevas y extrañas —dijo la comadreja—. Nos dirán que vivimos de una manera equivocada. Nos confundirán con su hablar agresivo. Han robado el trueno al Padre Cielo y lo han metido en sus armas. No respetan a los hermanos y las hermanas animales; les lanzan su voz de trueno y los matan. Con nosotros harán lo mismo. Son tantos que es imposible contarlos y nos lo robarán todo, excepto nuestros espíritus. La gran sombra negra del ave voraz de la muerte ha caído sobre nuestros pueblos.

El pelaje de la comadreja cambia de color según la estación del año. La silenciosa comadreja tiene muchas lecciones que enseñarte. Podría confundir al Gran Espíritu, robarle la cartera y dejarlo contemplando su ombligo divino. Si esta es tu medicina personal, tu poder de observación es muy agudo. Parece que digas: «Déjame solo, y haré esto mismo por ti». A veces puedes sentirte incluso un poco culpable a causa de todo lo que sabes por haber observado la vida. Puedes ser una persona solitaria que se oculte de los demás; tal vez incluso estás recluido o eres un ermitaño. Eres un poderoso aliado para cualquier empresa, puesto que puedes ver lo que está haciendo la competencia. La gente tal vez cometa un gran error al evaluarte, puesto que no advierte enseguida tus poderes. Pero cuando intentan engañarte, pronto aprenden que tu inteligencia es superior a la suya.

Acude al poder de la Comadreja para que te revele los «motivos ocultos» que se hallan tras cualquier situación. Algunas personas se sienten intimidadas por su medicina, su talento y sus capacidades. Pero no hay malas medicinas. Todos nosotros tenemos poder, o no estaríamos aquí para sanar a la Madre Tierra. Si cuentas con el poder de la comadreja, tal vez podrías usar tus dones secretos para el bien de todos. Observa quién o qué necesita atención o una solución, y ofrece tu ayuda a tu manera silenciosa o discreta.

Invertida

¿Ha asomado la Comadreja en posición invertida entre tus cartas? Si es así, ve con cuidado con las intrigas. Alguien puede estar utilizando tácticas ocultas para colarse en el gallinero. Tal vez deberías cerrar tus puertas con llave y disfrazar de monja a tu hija adolescente. O quizá te estás mintiendo a ti mismo en relación con algo que sabes que es verdad. Esta mentira puede darse a cualquier nivel; por ejemplo, puede ser que asaltes la nevera a las tres de la madrugada diciéndote a ti mismo que nadie va a echar en falta la mitad que queda por comer de ese pastel. Si rayas el coche de otra persona en un aparcamiento, deja una nota; no te largues por el solo hecho de que puedes hacerlo. Ser honesto con uno mismo y con los demás es de la mayor importancia.

Otro mensaje de la Comadreja invertida es que reconozcas por qué has estado dudando de tus sentimientos. La Comadreja en posición derecha observa todos los actos, sentimientos y situaciones con los sentidos agudizados; si está invertida, estas capacidades de observación están embotadas, hasta que la confusión se instaura. Cuando no sabes cómo te sientes o lo que está ocurriendo a tu alrededor, la duda se convierte en el obstáculo de tu progreso. Entonces puede ser que te encuentres con que algo de paranoia se cuela en tu vida.

Si quieres que la situación se arregle, empieza por sacudir el embotamiento de tu cabeza y observar lo obvio. Nadie puede engañarte si mides tu próximo paso, si respetas tu propio conocimiento, si buscas las «razones ocultas» y si eres discreto en el proceso.

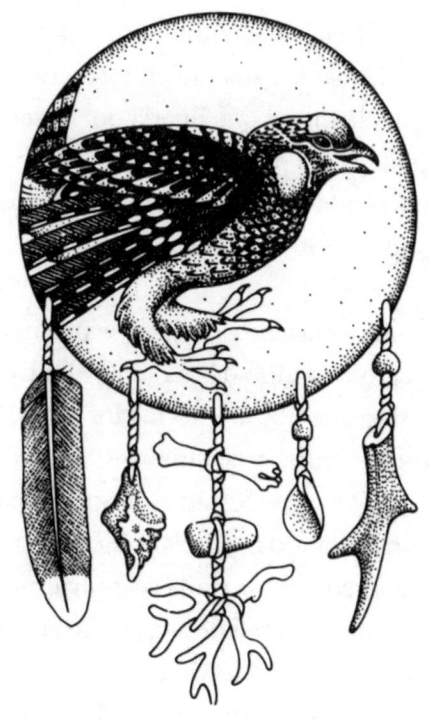

*Urogallo…
de la Espiral Sagrada,
nos conduces hasta
las alturas eternas,
donde podemos vivir
como uno solo.*

34

EL UROGALLO

LA ESPIRAL SAGRADA

Antaño había una gran cantidad de urogallos que se unían en bandadas por toda Norteamérica; sin embargo, actualmente apenas se los encuentra en las llanuras donde eran tan abundantes. Muchas tribus indias de las llanuras bailan la danza del urogallo para honrar a esas aves. El movimiento de esa danza traza una espiral, que es el antiguo símbolo del nacimiento y el renacimiento, el acanalado túnel del eterno retorno.

La Espiral Sagrada es también uno de los símbolos más antiguos conocidos para referirse al poder personal. Cuando pienses en la Medicina del Urogallo, visualiza un remolino o incluso un tornado, y la Espiral Sagrada te llevará a su centro. La espiral es una metáfora de la visión y la iluminación personal. Muchos iniciados en la búsqueda de la visión se pintan espirales en el cuerpo y creen que el Gran Misterio les concederá visiones de poder y propósito gracias a este símbolo.

Los derviches danzantes de algunas órdenes sufíes son maestros de la danza en espiral y pueden trascender a elevados estados de conciencia por medio de la repetición de este movimiento sagrado. Se dice que pueden viajar al centro de la espiral y regresar con cualquier poder mágico que hayan elegido. En el estado del derviche, uno entra en el Gran Silencio y obtiene comunicación directa con el Creador girando en el sentido de las agujas del reloj o en sentido contrario (según el caso, el derviche atrae o rechaza energías específicas). Las danzas sufíes constituyen un sistema que conecta al danzante con la Fuente Divina por medio del uso ritual del movimiento.

Si la Medicina del Urogallo ha aparecido entre tus cartas, haz una meditación sobre las varias calidades de movimiento que hay en tu mundo. Empieza visualizando el Sol como formando parte de un inmenso conjunto de estrellas que giran en remolino en las enormes aspas de la Vía Láctea. Después sal de esas aspas de luz y entra en la espiral de la doble hélice de tu ADN, que tiene una disposición similar a una escalera de cuerda enroscada como un sacacorchos.

Analiza la manera como te mueves por tu mundo. ¿Cómo te imaginas a ti mismo en el acto del desplazamiento? ¿Qué clase de reacción creas con la energía que envías al universo? ¿Qué palabras emplearías para describir la manera en que te mueves tanto por el mundo material como por el espiritual? En tu análisis final, ¿es tu movimiento compatible con tus mayores deseos y objetivos?

Muchas disciplinas espirituales requieren que ceses todo movimiento exterior para que puedas reconocer la vida interior. La Medicina del Urogallo, sin embargo, es una invitación a la danza. El urogallo celebra la Fuente Divina con su sagrada danza en espiral, y te ofrece *esta danza* como regalo. Puedes pasar toda una vida aprendiendo la lección del Urogallo sobre cómo armonizar tu danza con los ciclos de la Madre Tierra y cómo ofrecerla a modo de una creación de belleza desinteresada.

Invertida

Sacar la carta del Urogallo en posición invertida indica una disipación de la energía, así como falta de control y de disciplina. Simboliza la pérdida de conexión con la Fuente y significa la falta de una intención clara tras una manifestación de energía. Puedes sentir que caes en picado o que te escurres por el desagüe. Afronta la confusión que puedas estar sintiendo, tanto en relación contigo mismo como con otras personas con las que estés implicado. Examina la manera como tu energía puede estar provocando fricciones o chispas, o que se estén dando rodeos en torno a una situación que necesita ser aclarada. Trabaja por dominar tu energía y dirigirla hacia objetivos bien definidos. Esta es la naturaleza de la Danza Sagrada del Urogallo.

Al usar esta Danza Sagrada como una herramienta para enderezar al Urogallo invertido, también puedes descubrir que es una herramienta que te permite centrarte o poner los pies en el suelo. Al hacerlo estás conectándote de nuevo con la Madre Tierra y apaciguando las vueltas que te da la cabeza. Si te has involucrado tanto con una idea o con un problema que ya no puedes verlo claramente, puede ser que te sientas mareado o falto de concentración. Esto es indicativo de que has entrado en el universo del pensamiento y de que no estás conectado con la realidad física. Si te ocurre esto, necesitas volver a tocar con los pies en el suelo.

Bailar o caminar volverá a ponerte en contacto con la Tierra y con tu cuerpo. El Urogallo puede enseñarte a percibir los flujos de energía que te ponen en armonía y equilibrio con tu cuerpo, tu mente y tu espíritu.

Poderoso caballo…
Tienes el poder de correr
por las anchas llanuras
o de traer la visión de los escudos
bailando bajo la lluvia
de un sueño púrpura.

35

EL CABALLO

LA FUERZA

«Robar caballos es robar fuerza» fue una frase que se pronunció a menudo en el transcurso de la historia de las culturas indias americanas, y ejemplifica el apreciado papel que jugó este animal en dichas culturas.

El caballo es fuerza física *y* sobrenatural. En las prácticas chamánicas de todo el mundo, permite a los chamanes volar por el aire y llegar al cielo.

La humanidad dio un gran salto hacia delante cuando domesticó al caballo, algo comparable al descubrimiento del fuego. Antes de la llegada del caballo, los humanos estaban muy sujetos a la tierra, iban muy cargados y eran muy lentos. Una vez que montaron a lomos del caballo, fueron tan libres y veloces como el viento. Pudieron llevar cargas a grandes distancias con facilidad. Gracias a su especial relación con el caballo, cambiaron el concepto de sí mismos más allá de cualquier medida. El caballo fue el primer animal medicina de la civilización. La humanidad tiene una deuda incalculable con él y con la nueva medicina que trajo. Si el caballo no hubiese aceptado a los jinetes bípedos sobre su lomo habría sido necesario caminar mucho para ver a un hermano. Hoy medimos la potencia de los motores con el término «caballo de fuerza», un recordatorio de los días en que el caballo era un respetado y muy apreciado socio de la humanidad.

El Caminante de los Sueños, un hombre medicina, estaba caminando por la llanura para visitar a los indios arapaho. Llevaba su pipa consigo. La pluma que tenía atada a su larga cabellera apuntaba hacia el suelo, lo que indicaba que era un hombre de paz. Desde lo alto de una colina, vio una manada de caballos salvajes que corría hacia él.

El semental negro se le acercó y le preguntó si estaba buscando una respuesta con su viaje. Le dijo:

—Provengo del vacío donde mora la respuesta. Cabalga sobre mi lomo y conoce el poder de entrar en la oscuridad y encontrar la luz.

El Caminante de los Sueños dio las gracias al semental negro y accedió a visitarlo cuando su medicina fuese requerida en el Tiempo del Sueño.

Acto seguido, el semental amarillo se acercó al Caminante de los Sueños y se ofreció a llevarlo al Este, allí donde mora la iluminación. El Caminante de los Sueños podría compartir las respuestas que encontrara allí, para enseñar e iluminar a otras personas. El Caminante de los Sueños dio también las gracias al semental amarillo y dijo que usaría esos regalos de poder durante su viaje.

A continuación se acercó el semental rojo, encabritándose juguetonamente. Habló al Caminante de los Sueños de las alegrías derivadas de equilibrar el trabajo y la medicina dura con las gozosas experiencias del juego. Le recordó que podría sostener más la atención de aquellos a quienes enseñara si integraba el humor en sus lecciones. El Caminante de los Sueños le dio las gracias y prometió recordar el regalo de la alegría.

El Caminante de los Sueños se estaba aproximando a su destino. El pueblo arapaho estaba cerca. Entonces el semental blanco se puso al frente de la manada. El Caminante de los Sueños montó sobre su lomo. El semental blanco era el mensajero de todos los demás caballos, y representaba la sabiduría en el poder. Este magnífico caballo era la encarnación del Escudo de Medicina equilibrado.

—El abuso de la fuerza no va a llevar jamás a la sabiduría —dijo el semental blanco—. Tú, Caminante de los Sueños, has llevado a cabo este viaje para curar a un hermano necesitado, para compartir la pipa sagrada y para sanar a la Madre Tierra. Sabes, por medio de la humildad, que eres un instrumento del Gran Espíritu. Así como cargo contigo sobre mi lomo, tú cargas con las necesidades de la gente en tus espaldas. Sabiamente, comprendes que el poder no se concede a la ligera, sino que se otorga a aquellos que están dispuestos a asumir responsabilidades de una manera equilibrada.

El chamán Caminante de los Sueños había sido sanado por la visita de los caballos salvajes, y supo que su propósito al acudir a los arapaho era el de compartir con ellos los regalos que había recibido.

Si comprendes la fuerza del caballo, puedes saber cómo tienes que esforzarte para obtener un Escudo de Medicina equilibrado. La verdadera fuerza es la sabiduría que se encuentra en el recuerdo de todo el viaje. La sabiduría proviene de recordar caminos que has transitado con los mocasines de otra persona. Tener compasión y cuidar, enseñar, amar y compartir tus dones, talentos y capacidades son las puertas al poder.

Invertida

Si tu ego se ha interpuesto en tu camino, tal vez no hayas advertido la falta de respeto que has estado recibiendo por parte de los demás. O tal vez estés en lucha con otros que abusan de su poder. Puede que te estés preguntando: «¿Debería decir algo? ¿Debería aplacar mi deseo de ponerlos en su lugar?» Recuerda los momentos en que, en tu propia vida, te has visto privado de la gracia del Gran Espíritu, y después ten compasión por los hermanos a quienes ahora les está ocurriendo lo mismo. Con independencia de si estás subyugando a una persona o si te sientes abrumado por otra, la Medicina del Caballo, tanto en la posición derecha como en la invertida, te ofrece un sencillo recordatorio de *cómo* equilibrar tus escudos.

Si te permites ver que todos los caminos tienen la misma validez, advertirás el poder y la gloria de la *familia humana* unificada. Este es el regalo del Guerrero del Arco Iris. El «yo» no tiene lugar en este arco iris arremolinado procedente del Gran Misterio, de modo que es sustituido por el universal «nosotros». Todos los colores del arco iris y todos los caminos son honrados como uno solo.

Aplica este conocimiento y reclama el poder que has cedido por haber olvidado que procede de la compasión. Desenrédate de esta situación y comprende que cada ser humano debe seguir su camino hacia el poder antes de galopar sobre los vientos del destino.

Lagarto…
¿Soñarás conmigo?
¿Viajaremos por las estrellas?

Más allá del tiempo y el espacio
viven visiones lejanas.

36

EL LAGARTO

Los sueños

El lagarto permanecía recostado en la sombra de una gran roca, protegiéndose del sol del desierto. La serpiente se acercó arrastrándose; estaba buscando una sombra donde enroscarse y descansar. La serpiente observó al lagarto durante un rato; sus ojos iban de un lado hacia otro tras sus enormes párpados cerrados. La serpiente siseó para obtener su atención. El lagarto abrió lentamente sus ojos soñadores y vio a la serpiente.

—¡Serpiente! ¡Me has asustado! ¿Qué quieres? —gritó el lagarto.

La serpiente silbó su respuesta con su lengua bífida:

—Lagarto, siempre consigues los mejores lugares de sombra en las horas más cálidas del día. Esta es la única roca grande que hay en varios kilómetros a la redonda. ¿Por qué no compartes la sombra conmigo?

El lagarto se lo pensó un momento; después accedió.

—Serpiente, puedo compartir la sombra contigo, pero tienes que ponerte al otro lado de la roca y prometerme que no me interrumpirás.

La serpiente se estaba enfadando. Siseó:

—¿Cómo podría molestarte, lagarto? ¡No haces más que dormir!

El lagarto sonrió:

—¡Oh, serpiente, eres tan tonta! No estoy durmiendo. Estoy soñando.

La serpiente quiso saber cuál era la diferencia, y el lagarto se la explicó.

—Soñar es ir al futuro, serpiente. Voy allí donde mora el futuro. Es por eso por lo que sé que no me vas a comer hoy. He soñado contigo y sé que el ratón que has comido te ha saciado.

La serpiente quedó desconcertada.

—Lagarto, ¡tienes toda la razón! Me estaba preguntando por qué accediste a compartir la roca.

El lagarto rió para sí mismo.

—Serpiente –dijo–, tú estás buscando una sombra y yo estoy buscando oscuridad. Los sueños viven en la oscuridad.

La Medicina del Lagarto es el lado oscuro de la realidad, allí donde los sueños se examinan antes de que decidas manifestarlos en la realidad física. El lagarto habría podido crear la realidad de ser devorado por la serpiente si lo hubiese deseado.

El Lagarto es la medicina de los soñadores. Tanto si los soñadores te fuman como si te sueñan, siempre pueden ayudarte a ver la sombra. Esta sombra pueden ser tus miedos, tus esperanzas o cualquier cosa a la que te estés resistiendo. La sombra te acompaña allí adonde vayas, como un perro dócil.

Si el Lagarto soñó hoy un lugar entre tus cartas, puede ser hora de que prestes atención y veas qué es aquello que te está siguiendo a dondequiera que vayas. ¿Son tus miedos, tu futuro que intenta alcanzarte o aquella parte de ti que quiere ignorar tu debilidad y tu humanidad?

El Lagarto puede estar diciéndote que prestes atención a tus sueños y a sus símbolos. Lleva a cabo un registro de tus sueños y apunta todo lo que recuerdes de ellos. Asegúrate de prestar atención a cada símbolo o circunstancia recurrente. Si no recuerdas tus sueños, puedes programar la alarma del reloj para que suene a las dos o a las tres de la madrugada. O puedes beber mucha agua antes de acostarte, para que tu vejiga te despierte. Los sueños son muy importantes. Concédeles atención.

INVERTIDA

Si el Lagarto ha asomado en posición invertida, puede ser que estés teniendo una pesadilla, la cual indica un conflicto interior. Observa la pesadilla para que te dé una clave acerca de la naturaleza de dicho conflicto. ¿Qué sentimientos suscita en ti? Respira a través de estos sentimientos y deja que las sensaciones fluyan fuera de tu cuerpo. Ve la verdad en lo que está sugiriendo tu pesadilla. El mensaje puede ser sencillamente que estás afrontando tus miedos y que por tanto no necesitas experimentar situaciones de pesadilla en tu vida cotidiana.

Otro mensaje del Lagarto en posición invertida es que puede ser que necesites dormir más, o más tiempo para soñar. También puede significar que te faltan sueños de futuro.

La imaginación es la puerta a todas las nuevas ideas y creaciones. A medida que examines el proceso del sueño, te darás cuenta de que el inconsciente está procesando *todos* los mensajes que tiene registrados relativos a las situaciones que has vivido durante el día. Estos mensajes pueden ser sentimientos reprimidos que han desencadenado un conflicto interior, o bien nuevas ideas u objetivos, otras dimensiones de la conciencia, eventos futuros, señales de alerta o deseos y esperanzas.

En cierto sentido, el Lagarto en posición invertida insiste en que acudas a tu imaginación para hallar nuevas experiencias. Esto es necesario cuando la vida se vuelve gris y muy aburrida. Por otra parte, puede referirse también a quienes sueñan mucho pero rehúsan usar sus sueños como *herramientas* para manifestar esas visiones en sus vidas.

Por medio de los sueños se puede acceder a todos los niveles de conciencia. Recuerda que la vida no es siempre lo que parece. ¿Eres el soñador? ¿O eres lo soñado?

*Corre, antílope…
enséñame sobre la acción
y su ritmo.*

*¡Deprisa, deprisa!,
para que pueda correr con elegancia.*

37

El Antílope

La acción

En el comienzo del tiempo, cuando la tribu del hombre era aún pequeña, el antílope vio que los bípedos humanos estaban desnudos, hambrientos y en peligro de extinción. Si no se hacía algo, pronto desaparecerían de la faz de la Tierra.

El antílope tomó cartas en el asunto y fue al campamento de los hombres, donde los convocó a todos en consejo.

—El Gran Misterio me ha enviado a enseñaros una lección. La lección es *hacer*. Si sabéis lo que debéis hacer y después lo hacéis, no debéis tener miedo –dijo el antílope.

—¿Y qué tenemos que hacer? –preguntaron los hombres.

—Si estáis desnudos y tenéis frío, deberíais matarme y abrigaros con mi piel. Este es el regalo que os hago. Hacedlo.

—Lo haremos –dijeron–. Pero también estamos hambrientos. ¿Qué podemos hacer para salvarnos?

—Si tenéis hambre, deberíais matarme y comer mi carne, que os va a nutrir y haceros fuertes. Este es mi regalo para vosotros, y forma parte de mi evolución. Este es mi servicio. Hacedlo.

El antílope sabía que la humanidad sobreviviría a la Edad de Hielo si aprendía a comer carne. Antes del movimiento de las grandes montañas de hielo, las frutas y las verduras habían crecido en abundancia, y los bípedos humanos no habían tenido la necesidad de comerse los cuerpos de sus semejantes animales. Los clanes del segundo mundo se comieron al antílope. Al incorporar a sus cuerpos el instinto y la sabiduría de los cuadrúpedos, aprendieron, gracias a la esencia de cada criatura, la manera de sobrevivir. Se les enseñó que no debían despilfarrar nunca, que no debían tomar más de lo que necesitaban.

Fue así como, ante las situaciones de necesidad, los bípedos humanos supieron pasar a la acción.

Los humanos aprendieron bien la lección del antílope. Gracias a él tomaron las medidas oportunas y han sobrevivido hasta nuestros días.

El antílope enseñó a los humanos a honrar los regalos que les enviaba el Gran Misterio y a evitar la destrucción indiscriminada de la vida.

El Antílope significa la acción sabia. Es el símbolo de la antena que es tu cabello, el cual te vincula con el Gran Misterio por medio de sus largos cordones de luz. Al contemplar al antílope, te haces consciente de tu condición de mortal y del corto lapso de tiempo de que dispones en este planeta. Con esto en mente, debes actuar en consecuencia. La acción correcta complace al Gran Misterio. La Medicina del Antílope es el conocimiento del círculo de la vida. Sabedor de la muerte, el antílope puede realmente vivir. La acción es la clave y la esencia de la vida.

Los poderes del antílope han sido cortejados y «chamanizados» desde los orígenes del tiempo. Los clanes del Antílope han sido muchos, y el poder de las personas Antílope es grande. La Medicina del Antílope fortalece tu mente y tu corazón; también te concede la capacidad de emprender acciones rápidas y decisivas para llevar las cosas a cabo.

Si te sientes bloqueado, invoca la Medicina del Antílope. Si estás hecho un lío, sus poderes te hablarán de la acción correcta y pronto te habrás liberado. Muchas soluciones ingeniosas a los problemas son susurradas por el Antílope. Escucha y, lo que es incluso más importante, *actúa*. Rodéate de su luz y de sus conocimientos secretos; combina esto con la acción, y superarás cualquier obstáculo o impedimento que aparezca en tu camino. Si el Antílope es tu árbol centrador y tu fuerte medicina personal, agradéceselo al Gran Espíritu. Di lo que tengas que decir; tu juicio es acertado, y tendrás éxito en tus acciones.

Escucha siempre lo que el Antílope tenga que decirte, ya que te da, en las cartas, el mensaje de un propósito más elevado. El Antílope te arma con el Arco de la Autoridad y te obliga a actuar en nombre del yo, de la familia, del clan, de la nación, y finalmente de la Madre Tierra. Te dice: «Hazlo ya. No esperes más». El Antílope sabe el camino, y tú también. Ármate de valor y salta. Tu sentido del momento oportuno es perfecto, y si el Antílope ha saltado a tus cartas es porque el momento es *ahora*. El *poder* eres tú.

Invertida

El Antílope en posición invertida te indica que no estás escuchando la voluntad del Gran Espíritu, ni actuando según esta. Tal vez estás tomando más de lo que compartes. La Medicina del Antílope invertido te vuelve alocado y pendenciero. Estás indeciso y no sabes qué dirección tomar. Puede que te estés mintiendo a ti mismo y a los demás. ¡Deja de mentir!, aunque creas que la mentira te va a sacar del atolladero. El Antílope en posición invertida te pondrá la zancadilla a cada paso. Deja de ser tan convencional y deja de seguir a los demás todo el rato. Asume tu propia autoridad. Permite que el corazón del antílope palpite con fuerza en ti y sabrás el camino. Pero, como siempre, el mensaje es: «¡Hazlo!». Cuando se emprende la acción el miedo a lo desconocido disminuye.

El Antílope invertido también te puede estar diciendo que es necesario que tomes la *decisión de empezar*. La principal causa de la dilación es la falta de convicción. Pero honrar el destino que has escogido consiste en respetar el compromiso de hacer lo que «proclamas» que estás haciendo. Hacer lo que se dice es la esencia de las personas Antílope. En cambio, decir lo que se hace es la personificación del Antílope invertido.

Para poner de nuevo al Antílope boca arriba, es necesario dar tres pasos:

1. Tener el *deseo* de hacer algo.
2. Tomar la firme *decisión* de dar comienzo a esa acción.
3. ¡Hacerlo!

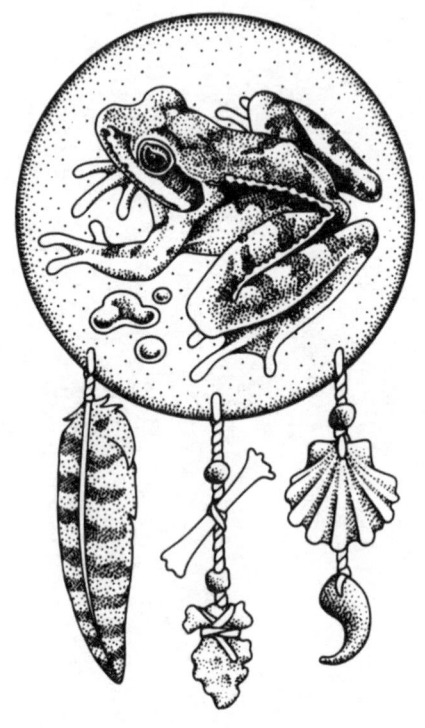

¡Canta, rana, canta!
Llama a la lluvia,
acaba con la sequía,
limpia la Tierra.
Después, lléname otra vez.

38

LA RANA

LA LIMPIEZA

La rana canta las canciones que traen la lluvia y que hacen más llevadero el polvo del camino. La Medicina de la Rana es afín a la energía del agua, y al Este en la Rueda de la Medicina. La rana nos enseña a honrar nuestras lágrimas, puesto que ellas limpian el alma. Todos los ritos del agua pertenecen a ella, incluidas todas las iniciaciones por medio del agua.

El agua prepara y limpia el cuerpo para las ceremonias sagradas. Es el elemento que comprendemos mejor cuando estamos en el útero. La rana, al igual que nosotros, es un renacuajo cuando se halla en las aguas fetales, y solo aprende a saltar después de que experimenta el mundo de la fluidez.

La transformación al estado adulto prepara a la rana para asumir el poder de invocar al agua de los cielos: la lluvia. Al conocer el elemento agua, puede entonar el canto que llama a la lluvia para que acuda a la Tierra. Cuando las charcas están secas, la rana llama a los Seres del Trueno para que limpien y reabastezcan la Tierra con agua. Como la rana, se nos pide que sepamos cuándo es hora de refrescar, purificar y volver a llenar los cofres del alma.

Si la Rana saltó hasta las cartas que escogiste hoy, su croar puede estar llamándote a que procedas a efectuar la limpieza que necesitas. Si observas el punto en que te hallas hoy, ¿usarías alguna de las palabras siguientes para describir tu condición: cansado, sobrecargado, acosado, frustrado, culpable, irritado, nervioso, perdido, vacío o debilitado?

Si es así, haz una pausa y permítete bañarte en las aguas de la Medicina de la Rana. Esto puede significar un baño largo y relajante, desconectar el teléfono, gritar «¡basta ya!» o hacer respiraciones profundas y purificadoras.

El punto clave es que encuentres una manera de deshacerte de las distracciones y que sustituyas el lodo por energía limpia. Después vuelve a llenar tu espíritu, tu cuerpo y tu mente, que están sedientos.

Una capacidad que tienen las personas afines a la Medicina de la Rana es la de prestar apoyo y energía donde es necesario, así como limpiar la negatividad de cualquier entorno. Muchos médiums o clarividentes que limpian casas «encantadas» son de la Medicina de la Rana. Muchos videntes toman agua entre las manos cuando conectan con otras esferas de la realidad, a causa de la naturaleza superconductora del agua.

En las prácticas chamánicas mayas y aztecas, el chamán se pone agua en la boca y la esparce sobre el cuerpo del paciente para quitarle las energías negativas. Mientras hace esto, conserva la imagen de la rana fija en su mente, para que la curación tenga lugar y el paciente pueda imbuirse de nuevo con energía positiva. A veces se usan ranas disecadas para que protejan el cuerpo de la persona durante la sesión.

La Rana habla de una nueva vida y de armonía por medio de su canción de la lluvia. Se dice que los tonos profundos de su croar constituyen una llamada a los Seres del Trueno: los truenos, los rayos y relámpagos y la lluvia. El croar es el latido que entra en armonía con el Padre Cielo y que llama a la necesidad de reabastecerse. Llama a la rana y encuentra paz en el gozo de tomarte tiempo para darte algo a ti mismo. Una parte de esta ofrenda es limpiarte de cualquier persona, lugar o cosa que no esté contribuyendo a tu nuevo estado de serenidad y plenitud.

Invertida

La Rana resbaló en el barro y está tumbada sobre sus espaldas, incapaz de enderezarse. Prepárate para que te entre más barro en los ojos.

La Rana en posición invertida puede significar una falta de voluntad por tu parte para limpiar el barro que hay en tu vida. Si no reconoces su efecto en tu situación actual, el lodo puede convertirse en cieno y después en arenas movedizas.

¿Hay alguien que esté agotando tu energía? ¿Estás consintiendo en irte a pique junto con esa persona? ¿Has tratado de resolver la disputa de otro y te has puesto en la línea de fuego? ¡Detente! Reconoce qué es lo que está ensuciando el estanque de los nenúfares. Nada con la rana. Sus ojos saltones lo ven todo. Sumérgete profundamente, y después salta a la hoja de nenúfar más próxima para tomar el sol. De esta manera podrás saber con exactitud qué es lo que ha estado drenando tu energía.

A veces las actividades de la vida pueden resultar abrumadoras. Todo el mundo necesita, ocasionalmente, hacer una pausa. La Rana invertida puede indicar uno de estos momentos, pero también puede augurar un tiempo de anegación emocional, es decir, de tener que lidiar con demasiados sentimientos o emociones. Esto es lo mismo que decir que «el mundo es demasiado para ti», o que te has sumergido en alguna idea o actividad y has excluido todas las demás facetas de tu vida. Si este es tu caso, se te sugiere que rompas con la rutina. Salta a otros nenúfares o visita otras charcas durante un rato.

La negatividad acude a ti cuando te niegas a darte el tiempo y el espacio necesarios para asumir un nuevo punto de vista. La Rana en posición invertida es un augurio de que estás cortejando el desastre si no te detienes y hueles los lirios, comes algunas moscas, tomas el sol y croas hasta que la lluvia acuda para volver a llenar tu espíritu.

Cisne…
El poder de la mujer
que entra en el Espacio Sagrado;
que toca el futuro,
aún por llegar;
que trae la gracia eterna.

39

El cisne

La gracia

El pequeño cisne voló por el Tiempo del Sueño, buscando el futuro. Se detuvo un momento a descansar en la frescura del estanque, buscando una manera de encontrar la entrada al futuro. Este fue un momento de confusión para él, puesto que sabía que había ido a parar dentro del Tiempo del Sueño por accidente. Era el primer vuelo que efectuaba solo, y estaba un poco preocupado por lo que se iba a encontrar en el Tiempo del Sueño.

Al mirar hacia arriba, por encima de la Montaña Sagrada, divisó el mayor agujero negro que había visto nunca, girando en remolino. La libélula pasó volando cerca de él, y el cisne la detuvo para preguntarle sobre el agujero negro. La libélula le respondió:

—Cisne, esta es la entrada a los otros planos de la imaginación. Yo he sido la guardiana de la ilusión durante muchas lunas. Si quieres entrar ahí, deberías pedir permiso y *ganarte* el derecho.

El cisne no estaba tan seguro de querer entrar en el agujero negro. Le preguntó a la libélula qué tenía que hacer para ganarse el derecho. Esta respondió:

—Tienes que estar dispuesto a aceptar cualquier cosa que te depare el futuro tal como se presente, sin intentar cambiar el plan del Gran Espíritu.

El cisne miró su cuerpo, que parecía el de un patito feo, y contestó:

—Estaré feliz de acatar el plan del Gran Espíritu. No lucharé contra las corrientes del agujero negro. Me *rendiré* al flujo de la espiral y *confiaré* en lo que se me muestre.

La libélula quedó muy satisfecha con la respuesta del cisne y empezó a hacer girar la magia para romper la ilusión del estanque. De pronto, el cisne fue engullido por el remolino que se creó en el centro del estanque.

El cisne reapareció muchos días después, pero ahora era muy hermoso, blanco y con un largo cuello. La libélula se quedó sorprendida:

—Cisne, ¿qué te ha pasado?

El cisne sonrió y dijo:

—Libélula, aprendí a rendir mi cuerpo al poder del Gran Espíritu y se me llevó al futuro. Vi muchas maravillas en lo alto de la Montaña Sagrada, y a causa de mi fe y mi aceptación he sido transformado. He aprendido a aceptar el estado de gracia.

La libélula se alegró mucho por el cisne.

El cisne le contó a la libélula muchas de las maravillas que había más allá de la ilusión. Por medio de su sanación y de su aceptación del estado de gracia, se había ganado el derecho de entrar en el Tiempo del Sueño.

Así es como aprendemos a rendirnos a la gracia del ritmo del universo y a deslizarnos desde nuestros cuerpos físicos dentro del Tiempo del Sueño. La Medicina del Cisne nos enseña a ser uno con todos los planos de la conciencia y a confiar en la protección del Gran Espíritu.

Si sacaste la carta del Cisne, este marca el comienzo para ti de un período de estados alterados de conciencia y de desarrollo de tus capacidades intuitivas. Las personas conectadas con la Medicina del Cisne tienen la capacidad de ver el futuro, de rendirse al poder del Gran Espíritu y de aceptar la sanación y la transformación de sus vidas.

La carta del Cisne te está indicando que aceptes la capacidad que tienes de conocer lo que está por venir. Si te estás resistiendo a tu autotransformación, relájate; será más fácil si vas *a favor de* la corriente. Deja de negar que sabes quién está llamando cuando suena el teléfono. Presta atención a tus corazonadas y a la sabiduría de tus entrañas y honra tu lado femenino intuitivo.

INVERTIDA

Si la carta del Cisne te ha salido invertida, te advierte de que debes reconocer lo que sabes, así que deja de negar tus sentimientos y de cometer torpezas. Tal vez te golpees contra los muebles al andar o te olvides de lo que estás diciendo a media frase. Si esto es así, es señal de que no estás con los pies en el suelo. Da unos cuantos saltos ahí donde estés y sujétate la parte superior de la cabeza mientras lo haces. Esto volverá a ponerte en contacto con la Tierra y evitará que deambules por una realidad onírica que merma tu atención. Tomar un baño te ayudará en estos casos; también ir descalzo o dedicarte un rato a la jardinería.

En cualquier caso, el Cisne invertido te dice que debes prestar cierta atención a tu cuerpo. Si no eres consciente de cuándo te ausentas de él o cuándo regresas a él, es como si estuvieras volando sin la licencia de piloto. Si te hallas en un proceso de evolución espiritual, es normal que no te des cuenta de cuándo pasas del hemisferio izquierdo del cerebro al derecho;

esto forma parte del desarrollo de la parte intuitiva de tu naturaleza y es indicativo de que no eres consciente de cuándo entras en otros niveles de conciencia. En el proceso de desarrollar tu mente superior te adentras en un nuevo territorio, que tiene sus propias reglas o leyes universales. En el mundo del Espíritu debes prestar mucha atención a lo invisible. Puedes percibir o sentir de un modo ligeramente distinto, pero el cambio es gradual. A veces este cambio pasa desapercibido entre tus actividades cotidianas, hasta que te sientes fuera de ti. En esos momentos tienes que volverte a conectar con la Madre Tierra.

La solución al Cisne invertido es:

1. Percibe tu entorno y toca la Tierra con los pies, con las manos o con ambos.
2. Céntrate en una realidad *o* en la otra. Si se te llama a visitar el Tiempo del Sueño, deja de hacer lo que estés haciendo y quédate quieto. Entra en el silencio y vacía tu mente; haz que cese su parloteo. Estate abierto y receptivo, de modo que el mensaje que tienes que recibir pueda entrar en tu conciencia.
3. Si estás preocupado, si te hallas soñando despierto o si tienes una sensación de estar como «colocado», necesitas enfocarte en realizar alguna actividad física. Utiliza el lado racional de tu cerebro para hacer una lista ordenada de tus próximas actividades; esto puede detener el desorden mental que te puede estar originando la confusión.

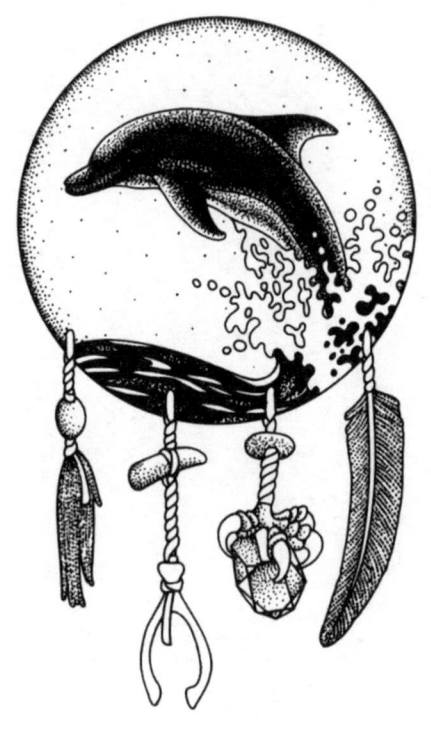

*Delfín…
respira conmigo.
Aliento de la Divinidad,
maná del universo,
nos entrelazamos en la Unidad.*

40

EL DELFÍN

EL MANÁ

El Delfín nos habla de la respiración de la vida: lo único de lo que los humanos no pueden prescindir más que durante unos pocos minutos. Podemos vivir sin agua y alimentos durante días, pero el oxígeno es la base de nuestra subsistencia. En la respiración encontramos el ritmo de la energía que emiten todas las formas de vida. Al cambiar la velocidad o el ritmo de la respiración podemos conectar con cualquier otra criatura o forma de vida. Esta es una manera muy sencilla de conectar con la divina energía procedente del Gran Espíritu, así como con nuestros propios ritmos personales.

El Delfín es el guardián de la sagrada respiración de la vida, y nos enseña la manera de liberar emociones a través de la *respiración del delfín*. Este mamífero acuático establece un ritmo: nada por el agua y toma aire antes de sumergirse; después contiene la respiración mientras efectúa su desplazamiento bajo el agua. Cuando emerge de nuevo, expele el aire de un modo que recuerda un tapón de corcho al salir despedido. Nosotros podemos usar esa misma técnica para quitar el tapón de nuestras tensiones y relajarnos totalmente. Este es un buen ejercicio para practicar antes de entrar en el silencio.

El maná es la fuerza vital. Está presente en cada átomo, y es la esencia del Gran Espíritu. El Delfín nos enseña cómo usar el maná de la vida por medio de nuestra respiración. El maná revitaliza cada célula y cada órgano, y rompe los límites y las dimensiones de la realidad física, para que podamos entrar en el Tiempo del Sueño.

Un día el Delfín se hallaba recorriendo los océanos, mientras la Abuela Luna urdía los patrones de las mareas. La Abuela Luna le pidió que aprendiese sus ritmos, para que pudiese abrir su lado femenino a su luz dorada. Él empezó a nadar al ritmo de las mareas, y aprendió a respirar de otra manera. A fuerza de usar este nuevo ritmo, entró en el Tiempo del Sueño. Esa realidad era distinta de los mares que había conocido.

El Delfín descubrió ciudades sumergidas en el Tiempo del Sueño, y se le concedió el don de la lengua primordial. Este *nuevo* lenguaje era el lenguaje *sonoro* que había traído la araña de la Gran Nación Estelar. El delfín aprendió que toda comunicación consistía en pautas y ritmos, y que el sonido iba a constituir la nueva manera a través de la cual comunicarse. Nos ha traído este patrón original hasta nuestros días.

El Delfín volvió al océano de la Gran Madre y moró en él muy triste, hasta que se le acercó la ballena y le dijo que podía volver a ser un mensajero de los habitantes del Tiempo del Sueño siempre que sintiese el ritmo y usase la respiración. Así fue como el Delfín tuvo un nuevo trabajo: ser el portador de los mensajes acerca de nuestros progresos. Los habitantes del Tiempo del Sueño tenían curiosidad por los hijos de la Tierra y querían que creciéramos para que llegásemos a ser uno con el Gran Espíritu. El Delfín sería el vínculo con ellos.

Si el Delfín se te ha aparecido hoy, levantando espuma entre las olas de tus cartas, debes ser el nexo hacia alguna solución para los hijos de la Tierra. Puede que sea un momento en que tengas que conectarte con el Gran Espíritu para traer respuestas a tus propias preguntas o a las de los demás. Además, esto puede significar un tiempo de comunicación con los ritmos de la naturaleza. Se te avisa de que tomes conciencia de los ritmos de tu cuerpo y de los patrones energéticos que el Creador te procura. Imita al Delfín y surca las olas de la risa, propagando la alegría por el mundo. Respira y experimenta este maná que se te da con tanta generosidad. Rompe las barreras que te encuentres y conéctate con el Tiempo del Sueño o con la Gran Nación Estelar. Sé consciente de que todos somos seres completos a los ojos del Uno Eterno.

Invertida

Si el Delfín aparece invertido, te advierte de que te estás olvidando de respirar. Tal vez te encuentres bajo la influencia del estrés y tu cuerpo puede estar necesitando maná. Puedes estar matando de hambre a tus células y órganos, no importa cuántas vitaminas estés tomando. Tus ciclos naturales se pueden estar alterando. Presta mucha atención a tu salud y a tus sentimientos. Tanto si estás al límite como si solo estás tenso, tómate un tiempo para relajarte y para inspirar la fuerza vital y llevarla a tus músculos. Céntrate en expeler todo el aire, hasta el fondo de tus pulmones, y en volver a llenar tu sistema respiratorio con el maná regenerador. Respira desde el diafragma y llena los pulmones al máximo de su capacidad; después espira, desde el pecho hasta el vientre, permitiendo que tu cuerpo se relaje totalmente mientras expulsas el aire.

Otro mensaje del Delfín en posición invertida es que las mareas u olas del universo están trayendo muchas señales, y puede ser que no estés usando tu sónar. Para detectar estos patrones de onda puedes necesitar realinearte con los ritmos naturales de tu cuerpo; después tienes que usar la respiración del delfín para conectar con la conciencia y las señales del universo.

El Delfín habla de sumergirse profundamente dentro del agua, de jugar con los arrecifes coralinos y de descubrir la belleza del ritmo de la respiración.

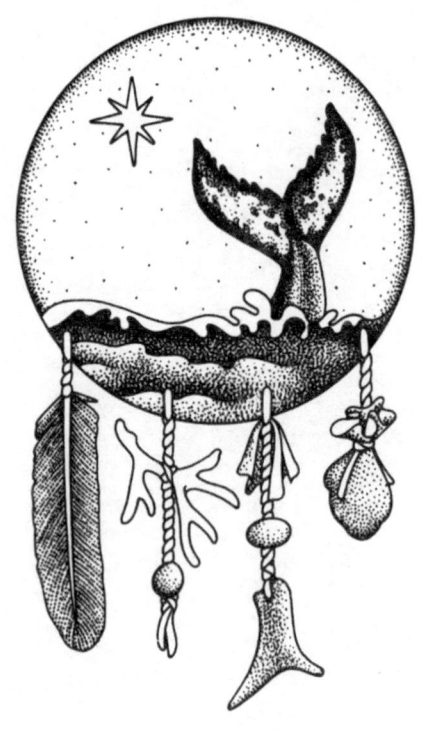

Ballena…
has visto todo lo que hay
en los poderosos océanos.
Los secretos de todos los tiempos
se escuchan en tu llamada.

Enséñame cómo captar tus palabras
y cómo comprender
las raíces de la historia,
de cómo empezó nuestro mundo.

41

La Ballena

La guardiana de los registros

La ballena se parece mucho a una biblioteca flotante. Conserva en sí misma la historia de la Madre Tierra, y se dice que la trajeron aquí los Ancianos de la estrella del Perro, Sirio.

Los biólogos aseguran que la ballena es un mamífero, y que muy posiblemente vivió en tierra firme hace millones de años. Según las leyendas tribales, pasó a habitar los mares cuando la Tierra dio un vuelco y Lemuria, la Tierra Madre, fue sepultada por las olas.

Todos los petroglifos conservados hablan de la Tierra Madre, Mu, y del desastre que llevó a la raza roja a Norteamérica desde el Oeste, más allá de las grandes aguas. Los símbolos de los petroglifos hablan de los ríos y las montañas que atravesaron nuestros ancestros cuando buscaban tierra firme mientras las aguas retrocedían.

La ballena fue testigo de los acontecimientos que llevaron a la colonización de la Isla de las Tortugas (Norteamérica) y ha conservado vivos los registros y el conocimiento de la Tierra Madre. Se dice que Mu resurgirá, cuando el fuego descienda de los cielos y aterrice en otro océano de la Madre Tierra. Los nativos de la medicina están esperando este acontecimiento como la señal de los próximos cambios planetarios. Los hijos de la Tierra tendrán que unirse y que respetar todos los caminos y a todas las razas con el fin de sobrevivir.

La gente de la Medicina de la Ballena tienen en su ADN el código que les permite comprender que ciertas frecuencias sonoras pueden activar registros en los recuerdos del conocimiento antiguo. A menudo son clariaudientes, o capaces de percibir tanto las frecuencias muy altas como las muy bajas. A menudo cuentan también con un desarrollo psíquico y son bastante telepáticas. En muchas ocasiones, sin embargo, no se las despierta a sus dones hasta que llega el momento de usar los registros archivados. Muchas de las personas de la Medicina de la Ballena son capaces de conectar con la mente universal del Gran Espíritu, y no tienen ni idea de cómo ni por qué saben lo que saben. Solo más tarde, cuando reciben la confirmación, empiezan a comprender cómo es que tienen ese conocimiento o por qué recibieron esas impresiones.

La Medicina de la Ballena nos enseña a utilizar los sonidos y las frecuencias que equilibran nuestros cuerpos emocionales y curan nuestros cuerpos físicos. Recordar por qué el tambor del chamán aporta sanación y paz es alinearse con el mensaje de la Ballena. El tambor es el latido universal y armoniza a todos los seres corazón con corazón.

Antes de la llegada del habla y del lenguaje primordial, se usaban los signos hechos con las manos, y muchas tribus permanecían en silencio la mayor parte del tiempo. El lenguaje que por aquel entonces resultaba comprensible eran los sonidos que emitían las otras criaturas del Gran Espíritu, los animales.

Si tomaste la carta de la Ballena, se te está pidiendo que conectes con esos registros y que permitas que quienes poseen el lenguaje original te canten. Somos las únicas criaturas que no tienen un único grito o llamada. Encuentra el tuyo. Permite que tu voz use ese sonido para liberar tensiones o emociones. La Ballena indica que es el momento de que encuentres tus orígenes, de que contemples la totalidad de tu destino, tal como está codificado en tu ADN, y de que halles los sonidos que van a liberar esos registros. Puede ser que nunca más vuelvas a ser el mismo. Después de todo, eres la melodía del universo, y la armonía es el canto de las otras criaturas. Cuando usas tu voz para abrir tu memoria, estás expresando tu singularidad y tu sonido personal. A medida que te abres a esta singularidad, tus nueve animales totémicos pueden enviarte sus sonidos o llamadas (pueden enviártelos a ti o enviarlos a través de ti). Esto abrirá tus archivos personales, de modo que podrás explorar más profundamente la historia de tu alma y comunicarte con la ballena, que conserva la historia de todos nosotros.

Invertida

Si la Ballena ha varado entre tus cartas, su medicina invertida implica que no estás siguiendo tu sónar o dispositivo de búsqueda. En algún nivel has olvidado que tienes todas las respuestas que necesitas para sobrevivir, para crecer y para reclamar el poder del destino que has escogido.

Es posible que tengas que lidiar con mucho parloteo en tu mente, de tal manera que no puedas acceder a tus registros personales. Si este es tu caso, tal vez necesites otros sonidos para entrar en el silencio. El tambor o la matraca, la flauta india o los sonidos de la naturaleza te pueden ayudar. La llamada de la Ballena es la canción de cuna de las mareas. Mécete suavemente y flota en el mundo del mar. Fluye con las aguas del tiempo y cosecha *tus* respuestas, que son las únicas verdades que te van a llevar a tu camino de conocimiento.

La Ballena en posición invertida te está diciendo que debes *desear saber*. Debes buscar su canto en tu interior. Al escuchar su llamada conectarás con los Ancianos a nivel celular, y después, a medida que te relajes en el flujo del ritmo del canto, empezarás a abrir *tu* biblioteca de registros, que es única. Tal vez no lo recordarás todo enseguida; puede ser que necesites práctica, pero si sostienes el deseo de *saber* junto a tu corazón, este será el regalo que te hará la Ballena. Mira la Gran Nación Estelar y envía gratitud a Sirio por el canto de la Ballena.

*El sagrado Murciélago...
voló hacia mí,
desde la oscuridad de la cueva.
Vi reflejos como de útero
y me dio respuestas.*

*Nacimiento, muerte, renacimiento...
Ciclos de la totalidad eterna,
apenas eclipsada:
del viaje del alma.*

42

EL MURCIÉLAGO

EL RENACIMIENTO

La leyenda del murciélago está envuelta por el misterio de los rituales tribales mesoamericanos. Así como los budistas creen en la reencarnación, en América Central el murciélago es el símbolo del renacimiento. Este mamífero alado ha sido, durante siglos, una preciada medicina para los pueblos azteca, tolteca y maya.

El murciélago abraza la idea de la muerte chamánica. Hay mucho secretismo en torno a la muerte ritual del sanador, y existen ritos de iniciación que tienen mucho que ver con ello. La muerte chamánica es la muerte simbólica del iniciado a su anterior forma de vida y a su identidad personal. La iniciación que otorga el derecho a sanar y a ser denominado chamán está necesariamente precedida por la muerte ritual. La mayor parte de estos rituales son brutalmente duros con el cuerpo, la mente y el espíritu del candidato. A la luz de las costumbres de hoy en día, puede ser muy difícil encontrar una persona que acepte ese desafío y lo supere conservando su equilibrio intacto.

La idea básica de las antiguas iniciaciones era que el candidato a chamán se desprendiese de todos los anteriores conceptos que tuviese acerca de su yo. Esto podía implicar pruebas brutales de fuerza física y de comprobación de sus capacidades psíquicas, y que se pulsasen a fondo todos sus «botones» emocionales. Era habitual burlarse del iniciado y escupirle, y se le enseñaba a soportar la prueba con humildad y fortaleza. El último paso de la iniciación consistía en ser enterrado bajo tierra durante un día y en renacer sin el antiguo ego por la mañana.

Este ritual es muy semejante al de la noche de miedo practicado por los nativos de la Isla de las Tortugas. En él, el futuro chamán es mandado a cierta ubicación para que cave su tumba y pase la noche en el seno de la Madre Tierra completamente solo, con la boca de la tumba cubierta con una manta. La oscuridad, junto con los ruidos de los animales que merodean por el lugar, pronto confrontan al iniciado (o a la iniciada) con sus miedos.

Así como la oscuridad de la tumba tiene su papel en este ritual, lo mismo ocurre con la cueva del murciélago. Estar colgado boca abajo simboliza aprender a transponer el anterior yo a un ser acabado de nacer. Es también la posición que asumen los recién nacidos cuando llegan al mundo desde el útero de la mujer.

Si el Murciélago ha aparecido hoy entre tus cartas, simboliza la necesidad de llevar a cabo la muerte ritual de alguna característica de tu vida que ya no encaja con tu nueva forma de crecimiento. Esto puede significar que es hora de olvidar viejos hábitos y de asumir la posición vital que te prepara para renacer o, tal vez, para afrontar una iniciación. En todos los casos, el Murciélago indica el renacimiento de alguna parte de ti mismo o la muerte de antiguas pautas. Si te resistes a tu destino, tu muerte iniciática puede ser larga, más duradera de lo que debería ser o más dolorosa. El universo te está pidiendo en todo momento que crezcas y que te conviertas en tu futuro. Para lograrlo, debes experimentar la muerte del chamán.

Invertida

Si el Murciélago está todavía colgando boca abajo en la cueva y sumergido en la oscuridad, has encontrado su medicina invertida.

Esta posición lleva al estancamiento del espíritu y a rechazar el reconocimiento de tu verdadero destino —que siempre consiste en usar tus talentos al máximo—. ¿Hay alguna área de tu vida que se haya estancado y por ello no tienes ya el deseo de crear? Si es así, considera rendirte a la muerte de ese estancamiento.

El Murciélago también puede indicar que, al invertir el ciclo natural de tu renacimiento, estás intentando acceder a la vida al revés. En cierto modo, es como nacer de nalgas. Este tipo de bloqueo cognitivo acerca de cómo hacer para liberarse puede conducir a la muerte fetal si te pasas demasiado tiempo luchando en el canal del parto. El resultado final puede ser la muerte del cuerpo. Algunas personas piensan en obstáculos que son ilusorios; cuando llega el momento en que deciden qué hacer, las oportunidades han pasado y han envejecido. Todos sus sueños han pasado de largo. El Murciélago en posición invertida te dice que uses tu mente, tu coraje y tu fuerza para garantizarte un parto fácil y un rápido alumbramiento a tu nuevo estado de comprensión y crecimiento. Ríndete a la nueva vida que has creado con tu pensamiento y tu deseo, y saluda al amanecer con valentía.

Si te preocupas por el día de hoy y el de mañana pero no miras más allá, puede ser que te olvides de advertir lo que hay más adelante en el camino. Las enseñanzas tribales dicen que eres responsable de las generaciones futuras, porque eres un antepasado del futuro. Cualquier cosa que hagas hoy, afectará a las siguientes siete generaciones. Cada decisión y cada pensamiento va a dar lugar a un estado de estancamiento o de renacimiento en todos aquellos que te sigan por el Buen Camino Rojo. Si te bloqueas a ti mismo, puedes estar bloqueando a las generaciones que han de venir.

El murciélago vuela de noche, y por la noche nacen tus sueños. Esos son los sueños que construyen futuras civilizaciones, así que nútrelos bien.

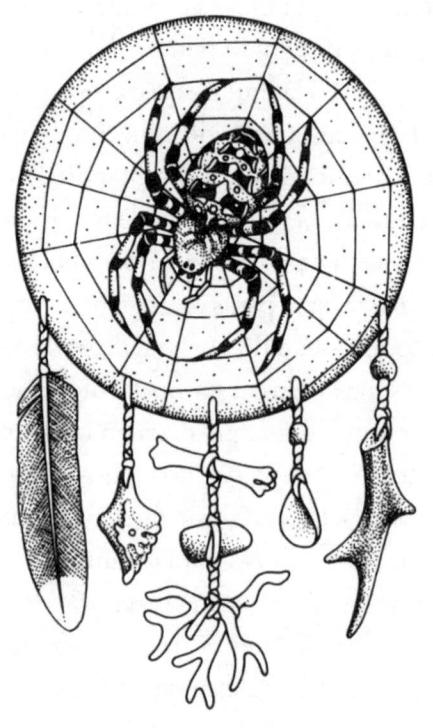

*Araña…
tú que tejes redes de delicias,
teje para mí un mundo de paz.*

*Traes la creación a tu red
y esperas que se despliegue.*

43

LA ARAÑA

La que teje

La araña tejió la red que trajo a los humanos la primera imagen del alfabeto. Las letras formaban parte de los ángulos de su telaraña.

El ciervo preguntó a la araña qué estaba tejiendo y por qué todas las líneas parecían símbolos. La araña respondió:

—Porque es hora de que los hijos de la Tierra aprendan a registrar sus avances en su camino por el planeta.

El ciervo replicó:

—Pero ya disponen de imágenes que muestran, por medio de símbolos, la historia de sus experiencias.

—Sí —dijo la araña—, pero los hijos de la Tierra se están haciendo cada vez más complejos, y sus futuras generaciones necesitarán saber más. Los que están por venir no recordarán cómo leer los petroglifos.

Así que la araña tejió el primer alfabeto primordial. Previamente había tejido el sueño del mundo que se había manifestado. El sueño de la araña del mundo físico se había consumado hacía ya millones de años.

El cuerpo de la araña se asemeja al número ocho; consiste en dos partes con forma de lóbulo que se conectan por la cintura, más ocho patas. La araña es el símbolo de las infinitas posibilidades de la creación. Sus ocho patas representan los cuatro vientos del cambio y las cuatro direcciones de la Rueda de la Medicina.

La Araña teje la red del destino para todos aquellos que caen en su telaraña y constituyen su banquete. Es parecido a los humanos que se ven atrapados en la telaraña de la ilusión en el mundo físico y nunca ven más allá del horizonte de dicho mundo; nunca se dan cuenta de las otras dimensiones.

La telaraña del destino también representa la rueda de la vida, la cual no contempla ninguna alternativa ni solución. Es algo típicamente humano quedar atrapado en la polaridad de la buena o la mala suerte, sin advertir que podemos cambiar nuestra suerte en todo momento. Si no somos lo suficientemente contundentes a la hora de cambiar los males de nuestra vida, podemos acabar viéndonos consumidos por nuestros miedos y nuestras limitaciones.

La Araña es la energía femenina de la fuerza creativa que teje los bellos diseños de la vida. Su telaraña contiene centenares de complicados patrones que capturan el rocío de la mañana.

Si la Araña ha bajado hoy de su telaraña para estar entre tus cartas, puede estar diciéndote que tienes que crear, crear, ¡crear! Busca nuevas alternativas al punto muerto en que te hallas en el presente. También puede estar avisándote de que te estás acercando demasiado a una situación embrollada. Tal vez te esté pidiendo que utilices un diario donde anotar tus progresos y revisarlos; si lo haces, no olvidarás *cómo* estás creando una etapa nueva o diferente en tu vida.

La Araña también trae un mensaje de otro tipo cuando ve que te estás implicando demasiado con el tejido de los planes de tu vida, de modo que no percibes las oportunidades que hay en la periferia de tu telaraña. Si este es tu caso, la Araña reclama tu atención para que te des cuenta de que algo que has tejido ha dado su fruto. ¡Felicidades!; la araña te cazó justo a tiempo, antes de que perdieras la oportunidad en el borde de tu red o realidad.

El mensaje más importante de la Araña es que eres un ser infinito que continuará tejiendo las pautas de la vida y del vivir a lo largo del tiempo. ¡No dejes de ver la continua expansión del plan eterno!

Invertida

El aspecto invertido de la Araña es similar al lado negativo de la mujer. La araña devorará a su pareja si ha quedado tan atrapada en sí misma que ha dejado de ver la conveniencia de honrar la energía masculina. El guerrero que está a su lado es una potente fuerza equilibradora. Si te muestras desdeñoso con tu pareja (sea hombre o mujer) y te has sentido muy superior a él o a ella últimamente, no estás honrando ni a tu lado masculino ni a tu lado femenino.

Si actualmente no tienes una relación de pareja, puede ser que hayas escogido a un miembro de tu familia o a un compañero de trabajo para hostilizarlo. Este tipo de crítica negativa lo único que logra es romper relaciones, y es el reflejo de algo que odias de ti mismo. Si estás intentando alimentar tu ego de esta manera, has perdido la partida. Te has enredado en la telaraña de tu propia ilusión acerca de quién eres realmente. Puede haber llegado el momento de que observes por qué te estás mostrando crítico y por qué te sientes tan débil que debes atacar a los demás.

Si esto no tiene que ver con tu caso, echa un vistazo a otro mensaje que trae la medicina invertida de la Araña: la falta de creatividad. Si dejas de usar tus talentos para seguir tejiendo tu telaraña, tu falta de creatividad se puede transformar en destructividad. Si te sientes estancado e incapaz de moverte en una dirección positiva, puedes sentirte resentido con aquellos que se están manejando bien. Este resentimiento se convertirá en una araña viuda negra que te devorará, y el único que llorará tu desaparición serás tú mismo. Ponte en movimiento, encuentra alegría y nuevas ideas en los logros de los demás, y úsalas para propulsarte hacia una nueva etapa de hilatura creativa en tu propia telaraña de deleites. Contempla la tela de la Araña y encuentra placer en las ideas que recibes procedentes de su lenguaje universal.

Colibrí…
alegre hermanito,
¡anhelas el néctar!

El amor que tú has dado
es toda la dulzura de las flores.

44

El Colibrí

La alegría

Se asocia al Colibrí con la religión de las Camisas Fantasma,* que enseñaba que cierta danza ejecutada con corrección traería el retorno de los animales, y que el hombre blanco desaparecería; entonces, los pueblos nativos conocerían de nuevo el gozo de las viejas costumbres. En las enseñanzas mayas, el colibrí está conectado con el Sol Negro y con el Quinto Mundo. Esta pequeña ave puede proporcionarnos la medicina que nos permita resolver el enigma de la contradicción de la dualidad.

El canto del colibrí despierta las flores medicinales. El colibrí entona una vibración de pura alegría. Las flores lo aman, porque al libar su néctar da origen a la reproducción de sus familias. Las plantas florecen y viven gracias a él.

El colibrí puede volar en cualquier dirección —hacia arriba, hacia abajo, hacia delante y hacia atrás—. También puede detenerse flotando en un lugar; en esos momentos parece que esté

---

*. N. del T.: la religión de las Camisas Fantasma, más conocida como Danza de los Espíritus, constituyó un movimiento religioso de carácter mesiánico. Se originó en Nevada hacia el año 1870, y se extendió rápidamente por muchos de los pueblos indígenas de las Grandes Llanuras. Representó una resistencia frente a las políticas del Gobierno estadounidense relativas a los indios, y fue un punto de convergencia para la conservación de la cultura india tradicional. [*Encyclopedia of the Great Plains*]

quieto en el aire. El Gran Espíritu creó al colibrí un poco distinto del resto de las criaturas emplumadas.

A causa de sus cualidades mágicas, sus plumas han sido usadas durante un milenio para hacer amuletos de amor. Se dice que el colibrí conjura el amor como ninguna otra medicina, y que sus plumas abren el corazón. Sin un corazón abierto y amoroso, no puedes saborear el néctar y la dicha pura de la vida. Para el hermano colibrí, la vida es un paraíso de delicias: se lanza de una hermosa flor a otra, saboreando las esencias e irradiando los colores.

Si tu medicina personal es la del colibrí, amas la vida y sus goces. Tu presencia aporta alegría a los demás. Juntas a las personas en relaciones que sacan a relucir lo mejor de sí mismas. Sabes instintivamente dónde reside la belleza y tu viaje hacia tu ideal. Te mueves cómodamente en un entorno hermoso y ayudas a otros a saborear el suculento néctar de la vida.

El Colibrí custodia el Arco de la Belleza, que tiene delicadas incrustaciones de flores doradas y plateadas, perlas y joyas preciosas. Rechaza la fealdad y la dureza, y vuela rápidamente lejos de la discordia y la desarmonía.

Si el Colibrí ha volado hasta tus cartas, prepárate para reír, con una risa musical, y disfruta de los múltiples regalos del Creador. Suelta tu actitud crítica y relájate. El Colibrí no dudará en darte un destello del Espíritu, que está presente aquí, allí y en todas partes. Prepárate para experimentar una nueva explosión de energía que puede hacer que tus sentidos se tambaleen.

El Colibrí oye la música celestial y está en armonía con ella. Puede ser que te invite a visitar un museo de arte o a asistir a un concierto. El Colibrí abraza energéticamente la estética más sublime.

Nunca te muestres grosero cuando te halles ante el Colibrí, puesto que la suya es una medicina frágil que puede no tener una comprensión de los asuntos mundanos. La belleza es su objetivo, y su misión consiste en extender la alegría. Si no se le deja hacerlo, se le destruye. El colibrí muere rápidamente si se lo enjaula, se lo caza o se lo aprisiona.

Sigue al colibrí y pronto te sentirás lleno de paroxismos de alegría; experimentarás una renovación de la magia de vivir.

Invertida

Si el Colibrí aparece cabeza abajo en tu tirada, sea cual sea el lugar que ocupe en su configuración, te habla de asuntos del corazón. ¿Cómo o por qué se cerró tu corazón? ¿Has cometido algún acto cruel hacia los demás, provocando que se hayan desconectado del amor que antes sintieron por ti? El Colibrí en posición invertida puede presagiar tristeza y la incapacidad de ver las múltiples bendiciones que se nos han concedido a los humanos, así como la incapacidad de advertir la belleza primigenia que nos envuelve. Si el Colibrí invertido entona su canción triste, tal vez deberías viajar hasta tu dolor personal y saber que tu tristeza es tu alegría *en otro* reflejo.

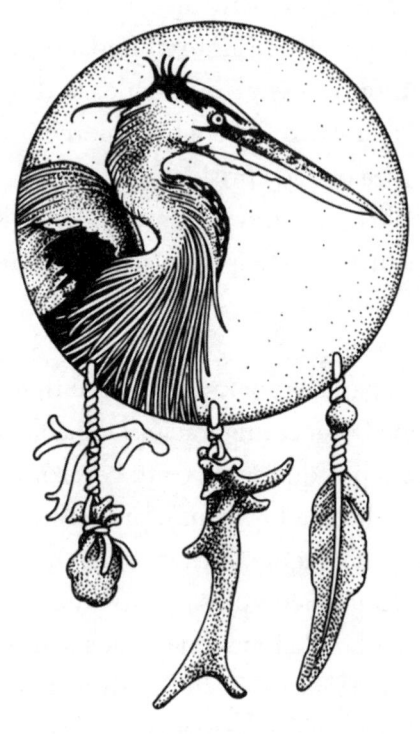

Garza azul…
Gracias, sagrada ave del agua,
por enviarme reflejos;
los espejos de la búsqueda de la vida,
los mundos que viven dentro de mí.

Muéstrame cómo funcionan las relaciones
con mi camino tejido dentro del todo;
las lecciones del parentesco con toda la vida
reflejando la eterna meta de mi espíritu.

45

La Garza Azul

Tu propio reflejo

La Medicina de la Garza es el poder de conocer al yo descubriendo sus regalos y afrontando sus desafíos. Es la capacidad de aceptar todos los sentimientos y todas las opiniones sin negar ninguna emoción ni ningún pensamiento. La garza vuela por encima de aquellos que no son conscientes de quiénes son ni de qué lugar ocupan en el mundo; deja caer una pluma azul sobre ellos, suavemente, y les pide que sigan su intuición y den comienzo al viaje de la autorrealización, un viaje que los va a empoderar.

Si la Garza Azul ha volado hoy sobre tus cartas, eso significa que te está apremiando a que te sumerjas en el mundo acuoso de tus emociones para buscar tu verdad. Te enseña a desarrollar tus habilidades en cuanto a tu reflejo de tal manera que puedas llegar a conocerte a ti mismo de forma íntima. Si te miras a ti mismo a través de las lentes empañadas de la autoimportancia, de las percepciones nebulosas de una baja autoestima o de los ojos miopes de la autocompasión, nunca comprenderás tu verdadero potencial ni apreciarás las oportunidades que se te presenten.

La Garza Azul te pide que te examines fríamente para que veas qué es aquello que deseas mejorar en ti mismo y cómo quieres cambiar. Si te atascas en este proceso, ello puede indicar que estás siendo demasiado duro o excesivamente crítico. Cuando eliges culpar a los demás y quejarte constantemente de las eventualidades de la vida en lugar de asumir la responsabilidad de tus actos, estás mostrando que te falta el coraje de afrontar al enemigo interior.

Las personas de la Medicina de la Garza están dispuestas a observarse a sí mismas y a ver la verdad que hay tras sus motivaciones, acciones, sentimientos, sueños y objetivos, así como tras sus fortalezas y debilidades interiores. Al equilibrar estas verdades, la Medicina de la Garza te muestra cómo afrontar los retos de tu propia debilidad y cómo seguir desarrollando las cualidades que llevan a la fortaleza interior y a la certeza de propósito.

¿Estás dispuesto a sumergirte en las acuosas profundidades de tus propios sentimientos y descubrir el rol de tu esencia espiritual? La Garza Azul te está llamando a ahondar más, a que te conozcas a ti mismo y a que creas en tu propio camino. Como el Fénix, que resurge de entre sus propias cenizas, la garza emerge de los mundos invisibles del Espíritu hacia un nuevo equilibrio del yo para abrazar su potencial, una vez y otra.

La magnificencia de tu espíritu humano se halla a la espera del gozo del descubrimiento, si eres lo suficientemente valiente como para seguir a esta ave acuática a lo largo del viaje. La Garza Azul te recuerda que todo aquel que se enrola en el viaje de la vida es un mensajero y que cada destino es el comienzo de un nuevo ciclo vital en la Rueda de la Medicina.

Invertida

¡Sorpresa!, Si la Garza Azul se te presenta en posición invertida puede ser el momento de tomar aire. Demasiada autorreflexión puede llevar a la obsesión con uno mismo o a un sentido del humor de carácter mórbido. Si has estado mirando dentro de ti y te has estado criticando, ¡ten cuidado! Es imprudente ahogar el sentimiento de alegría que habitualmente acompaña al viaje del autodescubrimiento. Es posible que hayas asumido la actitud de que la perfección es algo deseable... Puede ser que te hayan vendido esto, pero esta actitud no deja espacio a tu humanidad. ¡Ten en cuenta que a través de tus errores aprendes algunas de tus lecciones más valiosas! ¿Acaso no sería aburrida la vida si cada persona fuera un clon de plástico de un ser humano ideal?

La Garza Azul invertida también te recuerda que la autosuperación se logra mejor cuando el deseo de cambiar se equilibra con un discernimiento amable. La verdad tiene muchas capas y no es un proceso tan rápido comprenderlas todas; es imposible alcanzar la totalidad con una sola inmersión. Cuando te vuelves crítico, rígido y plano, no te has zambullido; has dado un planchazo. Si buceas profundamente en tus sentimientos, puedes emerger renovado; pero si eres excesivamente crítico, si te limitas a flotar en la superficie del agua, quebrarás tu espíritu, despiadadamente, en el proceso. La Garza Azul te recuerda que debes sumergirte profundamente, pero no contener la respiración mientras estás a la espera de la iluminación, sea total o parcial. Si no regresas a la superficie a tomar aire, los sentimientos colectivos de la humanidad y la infinita profundidad de la eternidad pueden ahogarte.

Mapache...
protector de los desvalidos,
proveedor de quienes no tienen nada.
¿Llevas la máscara de los bandidos
para ocultar tus buenas obras?

Enséñame a alejarme
de las grandes recompensas o del aplauso del mundo;
sabiendo que mi generosidad me permite
reivindicar mi espíritu guerrero.

46

El Mapache

El protector generoso

El mapache trae la Medicina del protector de los más débiles. Abastece a los niños, los enfermos y los ancianos. Llamado a menudo «pequeño bandido» por las tribus del Sur, este Robin Hood del reino animal nos alecciona sobre la generosidad y el cuidado de los demás. Cuando el Mapache aparece en tu camino, se te pide que te conectes con tu guerrero interior, que te conviertas en protector y proveedor de los necesitados. Las personas de la Medicina del Mapache tienen la extraña capacidad de asistir a los demás sin permitirles caer en el victimismo o la dependencia. Como los jefes de las tribus de la antigüedad, el mapache atiende a las necesidades colectivas antes de tomar algo para sí mismo.

Un grupo de mapaches en busca de alimento nos ofrece a menudo una graciosísima muestra de generosidad. Después de rodar en la harina de trigo o de maíz, finalmente se detienen en sus bocados favoritos, pero dan los mejores trozos a su guardián: cuando invaden un campamento o una cabaña dejan a uno de ellos, normalmente el macho dominante, como vigilante, y siempre le dan de comer primero, en reconocimiento a su labor de protección del grupo. Esta inusual falta de avaricia es tan rara en el mundo de los humanos como lo es en el resto del mundo animal. Mientras que otras criaturas luchan unas con otras para llevarse la mejor parte del botín, el mapache enseña la ley universal de compensar a la fuente de tu guía, fuerza y protección. También te recuerda que la generosidad y la benevolencia recorren un círculo, hasta que acaban recompensando al dador.

Si el Mapache se ha paseado hoy hasta tus cartas, este pequeño bandido puede estar indicándote que eches un vistazo y veas quién requiere de tu fuerza en este momento. Habla en defensa de alguien en lugar de quedarte callado cuando los otros chismorreen sobre él. Tal vez es el momento de que compartas generosamente tu tiempo, tu energía o tus posesiones con los menos afortunados. Pero acuérdate de ayudar a los necesitados a establecer su propia protección y su propia provisión de habilidades. En todos los casos, el Mapache reclama que te respetes a ti mismo y que respetes a los demás por igual. Vela por tus propias necesidades, o tu pozo estará seco cuando elijas dar generosamente. Los jefes se ganan las plumas del águila cuando promueven el derecho de todo ser humano a la propia dignidad; actuar de este modo te aporta tanto honor a ti como a tu familia.

Invertida

Si el Mapache ha aparecido en posición invertida, tal vez te estés robando a ti mismo mucha de la fuerza que requieres en este momento. ¿Necesitas ajustar tu actitud? Si estás desperdiciando energía en la autocompasión, sintiéndote como alguien necesitado, haz algo bonito por otra persona. Este cambio de enfoque puede dotarte de una mayor autoestima. Observar las auténticas necesidades que tienen los demás puede acabar con tu autocompasión.

Otro mensaje que trae esta carta cuando aparece invertida es que estás negando la necesidad de ser generoso y compasivo contigo mismo. En este caso, es posible que no te estés proveyendo de suficientes opciones factibles para resolver tus actuales desafíos.

Si te sientes agotado, puede que haya llegado el momento de recibir la gratitud de aquellos a quienes has ayudado en el pasado. Si has estado dando demasiado y te has olvidado de respetar tus propias necesidades, el Mapache puede estar diciéndote que «robes» algo de tiempo para estar solo. Este pequeño bandido también te recuerda que te mantengas atento a los «recibidores» que nunca devuelven. Evita alimentar a quienes les gusta demasiado depender de los demás o a quienes son demasiado codiciosos. La equilibrada Medicina del Mapache no desperdicia su generosidad en quienes rehúsan ayudarse a sí mismos, en quienes son demasiado perezosos a la hora de hacer su aportación o en quienes no están dispuestos a aprender a ser autosuficientes.

Perrito de las praderas…
me llamas cuando es la hora de descansar,
cuando es el momento
de honrar la búsqueda interna.

Entonces me retiro,
con el fin de poder ver
una manera de reponer
el potencial que hay en mí.

47

El Perrito de las Praderas

El retiro

La Medicina del Perrito de las Praderas enseña que la fuerza y la inspiración pueden encontrarse retirándose al silencio que aquieta la mente. La fuerza de esta medicina es también saber cuándo y cómo reponer tu fuerza vital. Las personas de la Medicina del Perrito de las Praderas tienden a buscar el autoempoderamiento en el silencio y la inactividad, en los que pueden acceder a sueños y visiones sin verse perturbadas por el caos mundano. Cuando regresan al mundo, se han convertido en anclas profundas y poderosas de tranquila determinación en medio de las tormentas de la vida.

La Medicina del Perrito de las Praderas es aplicable a toda la Tribu de las Marmotas, que incluye el Clan de las Ardillas de Tierra, el Clan de la Tuza, el Clan de la Marmota Canadiense y el Clan del Cerdo de Tierra. Así como los guerreros nativos americanos sabían cuándo atacar y cuándo hacerse invisibles, la Tribu de las Marmotas sabe cómo y cuándo retirarse. El perrito de las praderas corre hacia los túneles cuando un depredador le sigue la pista; en invierno, conserva la energía hibernando durante la temporada de las lunas frías.

Si el Perrito de las Praderas ha asomado hoy entre tus cartas, puede ser una advertencia de que el indicador de combustible de tu cuerpo indica que este se está agotando. Puede ser que necesites un día de silencio o retirarte de tus actividades habituales antes de que acabes tan exhausto que no puedas seguir adelante. ¿Has puesto tus necesidades básicas al final de la lista de tus tareas por hacer? Prender la vela por los dos lados puede debilitar la energía que normalmente puedes concentrar a la hora de abordar tus obligaciones. Tómate un muy necesario descanso antes de que te estrelles y te quemes. El Perrito de las Praderas te enseña que, con el fin de que puedas acceder a los regalos de la inspiración y la renovación, tienes que estar en paz contigo mismo y lo suficientemente descansado para reconocer las bendiciones que se te ofrecen.

Si has estado enzarzado en una batalla sin ganar terreno, el Perrito de las Praderas te recuerda que forzar demasiado puede dar lugar a una resistencia que no permite la interacción. ¡Haz una pausa! ¡Tómate un descanso! Después de un tiempo de confort y relax, puedes volver a lo tuyo con una nueva perspectiva. Mientras tanto, las dinámicas de la situación pueden haber cambiado, porque tu retiro habrá permitido que tu actual reto se haya resuelto por sí mismo. Si dejas de resistirte y fluyes con la corriente tienes mucha fuerza a tu disposición. Los túneles del perrito de las praderas pueden ser recorridos en ambas direcciones; ahora es el momento de optar por salir por la puerta trasera para descansar y relajarte un poco.

Invertida

El mosquito de la preocupación puede haber picado al Perrito de las Praderas, de modo que ha aparecido en posición invertida. ¿La adicción al trabajo ha obtenido lo mejor de tu conocimiento interno y de tu sensata visión de la vida? ¿Has estado excavando túneles en una dirección improductiva habiendo olvidado de salir a respirar, a mirar alrededor y orientarte? ¿Te has vuelto adicto a la adrenalina generada por el hecho de correr para ponerte al día? Si el caos de la hiperactividad te pone enfermo, tal vez estés a punto de tomarte un descanso forzado, no deseado. El estrés constante puede arrebatarte tu inspiración y tu capacidad de pensar con agilidad.

Otro mensaje del Perrito de las Praderas en posición invertida se refiere a la creencia de que la transigencia o la retirada son signos de debilidad. ¡No te creas esta mentira! Si dejas que la cabeza se te haga demasiado grande puedes quedarte atorado en el túnel. Si no puedes parar, estate a gusto permaneciendo solo, y si no puedes delegar responsabilidades, necesitas revisar esta visión que tienes de la realidad. No tengas miedo de hacer una pausa, de reponer tus recursos y de adoptar un punto de vista más saludable y relajado. El Perrito de las Praderas en posición invertida también enseña que forzar demasiado puede tener consecuencias nefastas: los cementerios están llenos de personas que en su día creyeron que eran indispensables.

*Jabalí…
nos enseñas a afrontar sin miedo
las situaciones y a las personas,
desgarrando los rechazos
y las mentiras que surgen.*

*Si ponemos a prueba nuestro valor,
si vamos en pos de la verdad,
tu medicina formará siempre parte
de todo camino humano,
marcando las victorias logradas.*

48

El Jabalí

El enfrentamiento

Aunque el guerrero estaba acostumbrado al calor sofocante de su hogar en el pantano, se hallaba temblando como si hubiese sido víctima de una corriente de aire frío. El Consejo de Ancianos le había descubierto diciendo una mentira. El castigo por esta ofensa era el destierro de la tribu. Con el fin de restaurar su honor entre su gente, tendría que enfrentarse al jabalí con un cuchillo como única arma. Si fallaba, moriría, desgarrado por los devastadores colmillos de esa bestia de ojos feroces. Esta perspectiva le llenaba de pavor.

Después, el espíritu del jabalí acudió a él en un sueño; estaba furioso por el hecho de que ese joven hubiese quebrantado sus votos de guerrero al incurrir en la mentira. Le dijo que tendría que encarar y vencer a la bestia de la autoimportancia y del engaño dentro de sí mismo antes de poder tener la esperanza de sobrevivir al combate que iba a tener lugar entre ambos. El joven guerrero hizo el voto de honrar la verdad desde ese momento en adelante. Ese mismo día se enfrentó al jabalí y mató a la bestia, y conservó los colmillos de su rival como un recordatorio de por vida para afrontar siempre la debilidad en su interior.

Hay distintos tipos de jabalíes, y esta poderosa medicina del clan de los guerreros es válida en el caso de todos ellos. Los mayas lo llamaban *cerdo salvaje* o *saíno* y los choctaw veían al cerdo *razorback* como un jabalí. Su medicina nos ayuda a afrontar las debilidades humanas y a convertirlas en fortalezas. El espíritu humano se ve empoderado por la disposición del jabalí a hacer frente a los miedos, a los desafíos del momento y a las circunstancias incómodas. Mantenerse con la cabeza alta, evitando huir de las situaciones que presenta la vida, es ciertamente una poderosa medicina.

Si el Jabalí ha arremetido hoy entre tus cartas, te está pidiendo que afrontes algo que has estado rehuyendo o a alguien a quien has estado evitando. ¡Estate atento! Abraza tu naturaleza de guerrero y encuentra el coraje para enfrentarte a tus miedos. ¿O se te exige que afrontes una debilidad personal o un reto profesional? ¿O tal vez es hora de que concluyas un proyecto que abandonaste pensando que podía ser demasiado difícil llevarlo a cabo? Confronta tus sentimientos en relación con alguna situación que te ponga nervioso o que te cause incomodidad y otórgate la paz derivada de ponerle fin. Si has estado aplazando decisiones, el Jabalí te recuerda que dejes de posponer lo inevitable.

En todos los casos, el Jabalí insiste en que estés plenamente presente y consciente de lo que está sucediendo y de por qué está sucediendo. Si te ha salido esta carta es porque aún posees el coraje necesario para afrontar cualquier desafío que la vida te presente; solo tienes que recordar dónde escondiste este coraje. Los retos no se desvanecen solos; a menos que te dediques activamente a tus asuntos, no podrás reclamar la energía de tu espíritu. Si el guerrero está dispuesto a reconocer y a aceptar toda la verdad en todos los casos media batalla está ganada.

Invertida

Si el Jabalí ha aparecido en posición invertida, puede constituir una advertencia: ya que no has estado dispuesto a afrontar algún desafío, situación o sentimiento, está a punto de estallarte en la cara. Tal vez sea hora de que analices cualquier mecanismo de evasión que estés adoptando. Las reticencias pueden desvanecerse si las afrontas con una honestidad inquebrantable. Si alguna falsedad está presente, es el momento de que te sinceres, contigo mismo o con la otra persona. ¿Te has deshonrado a ti mismo al haber traicionado la confianza de alguien? Sé fuerte y repara el daño que has causado. Si no crees ser lo suficientemente valiente como para afrontar tus errores o negaciones, deja de mentirte a ti mismo y reconoce el auténtico poder del honorable yo que mora en tu interior.

Recuerda que puedes invocar al Jabalí para que te ayude a romper tus sentimientos de debilidad o impotencia. Sus afilados colmillos pueden desgarrar los velos que te impiden llegar al núcleo de la cuestión y revelar al valiente guerrero que inconscientemente pudiste haber abandonado.

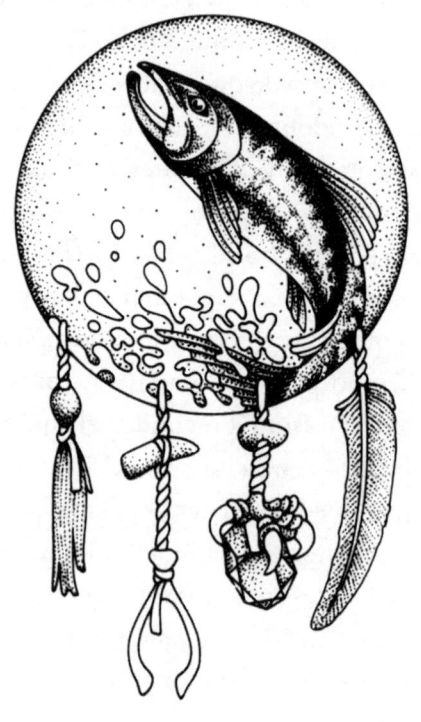

Salmón…
guardián del conocimiento interior,
ilumina todo lo que puedo ver;
lléname con amor hacia el aprendizaje.

Que la sagrada sabiduría de la vida
me sea revelada.

49

El Salmón

La sabiduría y el conocimiento interior

El salmón es el sagrado guardián de la sabiduría y del conocimiento interior. A pesar de las fuertes corrientes del río, siempre va a regresar al lugar de su nacimiento. Su determinación está conducida por la sabiduría del instinto y del conocimiento interior, que le otorgan un propósito que no puede ser detenido por fuerzas externas. Las personas de la Medicina del Salmón cierran los círculos. Acaban lo que empiezan; se ocupan de concluir los eventos y los ciclos de la vida.

La Medicina del Salmón honra cada encuentro de la vida como un encuentro de sabiduría. Enseña que incluso cuando la corriente de la vida parece empujarte hacia atrás puedes recurrir a los recursos ocultos de tu espíritu humano y de tu propio conocimiento interior. Tal vez el viaje no está siendo fácil y acaso las corrientes de la opinión pública no van a tu favor, pero puedes elegir honrar la sabiduría que va contigo y hacer lo que es correcto, guiado por tu instinto.

Si el Salmón ha nadado hoy hasta tus cartas, puede estar indicándote que en estos momentos confíes en tus presentimientos y en tu conocimiento interior. Evita la influencia de quienes pueden tener intenciones ocultas o de quienes manipulan los hechos en su propio beneficio. ¿Necesitas reflexionar sobre las experiencias personales que te ayudarán a decidir si la marea está bajando, o a fluir en una dirección que beneficie tu movimiento hacia delante y tu crecimiento? Regresa al comienzo y recorre de nuevo el camino hasta el punto en el que ahora te hallas. La sabiduría está en tu interior, y si la honras no te equivocarás.

La plata de la piel del salmón refleja muchas lecciones. Para poder reclamar tu conocimiento interno debes ser capaz de ver la oportunidad que constituyen todas las situaciones y ser consciente de que la sabiduría se gana tanto a través de las experiencias fáciles de la vida como de las difíciles. Estate dispuesto a escuchar a los demás, así como a la pequeña y silenciosa voz que mora en tu interior. Compórtate de una manera que honre tu camino. Haces un uso correcto de tu conocimiento interior cuando fluyes con tus auténticos sentimientos, abrazando todas las experiencias que te depara la vida como lecciones para aprender en lugar de verlas como dificultades. El Salmón te enseña a ver cada recodo del río como una nueva aventura, la cual entraña una lección que necesitas aprender con el fin de crecer. Este conocimiento se convierte en auténtica sabiduría cuando aplicas estas verdades en tu vida.

Invertida

Si el Salmón ha saltado panza arriba hoy entre tus cartas, la imprudencia puede haberte impedido lograr un objetivo. ¿Estás ignorando el sabio consejo de otras personas o la sabiduría de tu voz interior? El Salmón en posición invertida puede estar indicándote que permanezcas tranquilo durante un tiempo y que vuelvas a encontrar la corriente. Pregúntate dónde te distrajiste o te confundiste; después imagina que regresas al último lugar en el que te sentiste seguro de ti mismo. Cuando experimentes un sentimiento de serenidad, sabrás que estás utilizando de nuevo tu conocimiento y tu sabiduría interior.

Si has estado buscando la aprobación de los demás convirtiéndote en un seguidor en vez de escuchar tu propio conocimiento, tal vez ha llegado el momento de que reclames tu propia autoridad. ¿Estás rechazando tercamente la verdad de una situación, intentando tener la razón o el control, y no haciendo caso de tu sabiduría instintiva o de tu conocimiento interior? Si es así, sal de tu cabeza y regresa a la sabiduría presente en tu corazón y en tus sentimientos. Como el salmón, las personas a veces necesitan volver hacia atrás, nadando a contracorriente, para ver dónde los serpenteantes afluentes de la vida se desviaron de sus cabeceras, de sus orígenes de certeza, sabiduría, instinto y conocimiento interior.

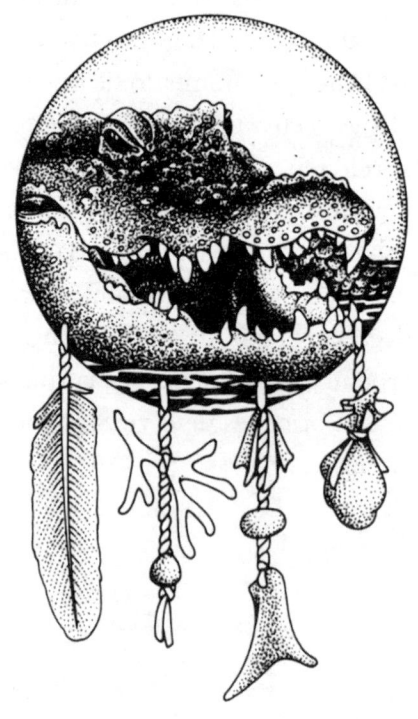

Caimán…
permite que abandone mis juicios
y que acepte la vida con despreocupación,
de tal manera que la inquietud
y la preocupación desesperada
desaparezcan de mi faz.

Permíteme integrar cada momento,
digerir la vida con facilidad
y considerar todas mis experiencias
como oportunidades equivalentes.

50

EL CAIMÁN

La integración

El poderoso regalo de la Medicina del Caimán es el de apreciar e integrar plenamente todo lo que ofrece la vida. El caimán nos muestra el valor de digerir a fondo tanto los placeres como los dolores. La Medicina del Caimán se refleja en su comportamiento de muchas maneras: cuando rueda bajo el agua con su presa, su mensaje es que rodemos con los golpes cuando seamos atacados por las circunstancias de la vida; cuando guarda cuidadosamente su presa bajo un tronco hasta que la carne está tierna, nos está enseñando a ser pacientes y a esperar el momento apropiado.

Optar por reírte cuando te halles enredado en tu propia seriedad puede difuminar inmediatamente el yugo del enfado y los juicios, la autoimportancia y la inflexibilidad. Una vez que ya no eres presa de la rigidez eres libre de integrar el actual conjunto de circunstancias y encontrar lo que antes habías pasado por alto. Después puedes aprender las lecciones del caimán relativas a cómo digerir el valor de cualquier lección de la vida.

Las personas de la Medicina del Caimán se abstienen de emitir juicios hasta que han examinado todos los hechos y han visto todos los lados de una situación. Puede ser la hora de guardarse opiniones y juicios para que la situación presente pueda ser plenamente comprendida. El Caimán puede haber emergido en el río de tu vida para indicarte que digieras una situación actual antes de que hagas algún próximo movimiento temerario. O acaso estás tratando con alguien demasiado serio o rígido. Si este es tu caso, abraza tu flexibilidad, sabedor de que te estás expandiendo más allá de tus antiguos límites, aunque los demás sigan revolcándose en sus propias arenas movedizas.

¿Has estado corriendo por la vida, sin tomarte el tiempo de contar tus victorias o de digerir tus ritos de iniciación? Si es así, podría ser hora de que honrases tus progresos, consciente de que las soluciones rápidas no apoyan las metas a largo plazo. Evita quedarte atrapado en la dualidad y en el cenagal del *juego humano de los juicios*. Haz uso de una determinación calmada y revisa tu proceso de sanación y las lecciones que te ha dado la vida, de modo que integres el crecimiento que has logrado.

En todos los casos, el Caimán te está diciendo que algo puede haber escapado a tu percepción. Pregúntate qué punto de vista o posibilidad no tuviste en cuenta en tu evaluación. ¿Acaso esta pieza que faltaba en el puzle evitó que tuvieses una perspectiva correcta de lo que está ocurriendo ahora? En este caso, nunca es demasiado tarde para reevaluar la situación desde un punto de vista más integrado y flexible. Recuerda que los ojos y las fosas nasales son a menudo las únicas partes del caimán que permanecen fuera del agua cuando este se halla percibiendo su entorno. El Caimán integra todas las probabilidades antes de efectuar su movimiento.

Invertida

El Caimán en posición invertida a menudo indica que es hora de reírse ante un conflicto con el fin de sobrevivir. Si la panza del Caimán está flotando expuesta en la superficie del agua, esto puede significar que acciones precipitadas o palabras irreflexivas te han puesto en peligro. Sus mandíbulas traicioneras te advierten de que no caigas presa de esquemas o soluciones rápidas. Si la mordedura del Caimán invertido te ha roto una de las arterias que nutrían tu fuerza vital, una tirita no te servirá como cura en este caso. Integra soluciones y opciones estables y a largo plazo.

Si te has convertido en alguien crítico o inflexible, desapégate de los pensamientos o los sentimientos turbios que han aprisionado tu progreso. En todos los casos, el Caimán te recuerda que explores más allá de la superficie, integrando todas las posibilidades, riesgos potenciales, resultados inesperados y recompensas finales. Si integras todos estos puntos de vista, es más fácil que te puedas dar la vuelta y salir a la superficie.

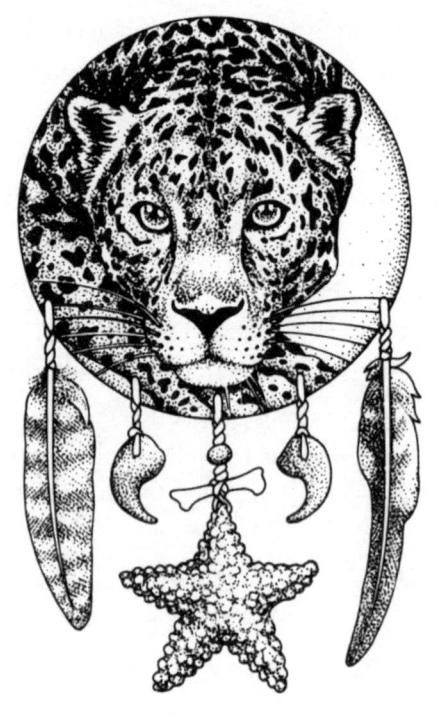

Jaguar sagrado…
enséñame a llevar mi poder con ligereza,
a caminar con impecabilidad,
a enfocar la vida con compasión
y a alcanzar la integridad
de mi potencial humano.

51

El Jaguar

La integridad y la impecabilidad

Los mayas asociaron el sacerdote Zamná al dios Itzamná, «el Señor de los Cielos»; consideraron que vino de las estrellas para conducir al pueblo maya hacia la prosperidad y una edad de oro de comprensión espiritual. Sin embargo, desde su muerte, sus enseñanzas de amor, integridad, impecabilidad y el poder de un corazón compasivo habían sido pervertidas. La distorsión de sus enseñanzas del Jaguar había degenerado en sacrificios humanos por parte de los sacerdotes, quienes insensatamente sacaban el corazón del cuerpo de las víctimas con el fin de reclamar el poder de los días de oro del imperio. Las enseñanzas de Zamná relativas al auténtico poder de un corazón honrado y amoroso habían sido olvidadas.

El gran espíritu del Jaguar, que era el tótem de Itzamná, rondaba por entre los sueños de los mayas a la busca de cualquier comportamiento deshonroso. Los delitos y los abusos de poder habían empequeñecido el espíritu de los mayas, y era necesario sacrificarlos si se pretendía que ese pueblo sobreviviera. Los sacerdotes, que habían abusado de la autoridad y del poder que se les había otorgado, temblaban de miedo, sabedores de que el día del ajuste de cuentas había llegado. El Jaguar trajo justicia cazando al acecho sus sueños y devorando sus fechorías, marcadas de un modo flagrante por la deshonra y la codicia.

La Medicina del Jaguar es la integridad y la impecabilidad. Su misión es devorar los aspectos turbios del comportamiento humano. El Jaguar nos enseña las malas consecuencias de las conductas inapropiadas y ofrece la recompensa de la buena medicina a aquellos que conservan su integridad personal y caminan por la vida de una manera impecable.

Si el Jaguar está rondando por tus sueños o por tu vigilia en el día de hoy, su rugido puede estar recompensándote porque has mantenido tu integridad en alguna situación en la que fácilmente podrías haber hecho un mal uso de tu autoridad. Puedes haberte negado a emitir un juicio sobre otra persona o a ser egoísta. ¿Has sido especialmente amable con alguien o has llevado a cabo una buena acción inesperada? Si es así, permite que el reconocimiento te llene con sentimientos de bienestar y continúa sirviendo con compasión y sincera integridad.

No vaciles en tu decisión de ser la mejor persona posible en todo momento. Conserva tu dignidad, compasión y lealtad, y sostén tu honestidad y tu franqueza, independientemente de las influencias que recibas para apartarte de estas conductas. No alimentes ninguna necesidad, basada en la autoimportancia, de ser alguien «iluminado», de modo que trates a los demás con suficiencia. La Medicina del Jaguar te enseña que la integridad personal permite los errores, abraza el perdón y lleva a cabo, con humildad, correcciones en uno mismo, permitiendo que el espíritu, de nuevo en equilibrio, triunfe una vez más.

Invertida

Si el Jaguar está hoy colgado al revés de una rama, puedes haber caído en tu propia trampa. ¿Has abusado de tu autoridad, de tal modo que ello te haya impedido recorrer tu camino con impecabilidad? ¿Has traicionado tu integridad personal para adaptarte a los demás? ¿Estás comprometido con alguna actividad que merma tu potencial? Si es así, llama a tu espíritu o a tu energía para que vuelvan. La integridad requiere un corazón abierto y dispuesto a perdonar. La compasión y la clemencia también son necesarias. La autoinculpación o apuntar con el dedo a los demás solo muestra tu propia falta de integridad.

En posición invertida, el Jaguar siempre te hace la advertencia de que corrijas cualquier necesidad de controlar a los demás, cualquier uso indebido de tus influencias, cualquier forma de manipulación, juicios morales, deshonestidad, intenciones ocultas, envidia, codicia o celos victimistas que puedan estar afectando a tu vida. Si has resbalado y has permitido un lapso temporal en tu impecabilidad que ha comprometido tu integridad, debes rectificar tus errores. El Jaguar nos recuerda que seamos impecables y que hagamos uso de nuestra integridad; así prosperaremos.

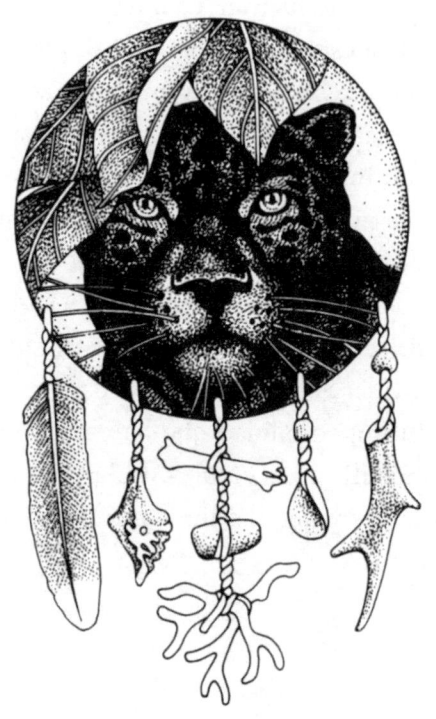

*¡Oh, jaguar de la medianoche!...
límpiame con tu coraje
y que me aporte valor tu gracia,
de tal manera que pueda saber el valor
del vacío del tiempo y del espacio.*

*Enséñame todas tus lecciones
sobre cómo afrontar la desconocida oscuridad.
Después déjame saltar con valentía
a las sombras, completamente solo.*

52

LA PANTERA NEGRA

ABRAZAR LO DESCONOCIDO

La pantera negra se deslizó silenciosamente por el pantano, captando sus ojos dorados la luz de las estrellas, su piel de medianoche ondeando sin ruido sobre sus sigilosos tendones, músculos y huesos. Ella y su macho eran los últimos de su especie en el hogar de la nación caddo. El Clan de la Pantera había sido honrado y respetado por la gente roja de los pantanos durante cientos de años. La Medicina de la Pantera Negra permite a los seres humanos afrontar sus miedos y comportamientos oscuros, explorar los aspectos internos sombríos del ser.

La mayor parte de los otros miembros de la Tribu de la Pantera habían sido cazados y matados por los otros bípedos humanos, aquellos que habían llegado desde el otro lado del océano y temían su propia naturaleza oscura. Esa gente necesitaba la medicina sanadora de la pantera. Esa noche la pantera negra permaneció en pie al límite del cenagoso pantano, oliendo la noche, intentando percibir el rastro de algún recién llegado que estuviese dispuesto a ir más allá de sus miedos y confiar en su medicina. Ese candidato no iba a llegar esa noche, pero ella permanecería a la espera de algún valiente que quisiese explorar el potencial sanador que se halla en la oscuridad de lo desconocido.

Los caddo llamaron a su clan la Pantera Negra. Los mayas, por su parte, conocieron a la Tribu de la Pantera como la del Jaguar de la Medianoche, o Jaguar Negro. El color negro es honrado por la raza roja: la oscuridad es el lugar donde buscar y encontrar respuestas, donde aceptar curaciones y donde acceder a la oculta luz de la verdad. La Pantera Negra nos enseña, a través de nuestros sueños, a ahondar en los recovecos de nuestro interior que necesitan curación. Nos enseña cómo rastrear cuando nos hallemos, en nuestro viaje de autodescubrimiento, en territorios que no nos resulten familiares, y a afrontar sin miedo lo desconocido.

Si la Pantera Negra ha aparecido hoy, puede estar diciéndote que no te preocupes por el futuro. Confía en que no se supone que tengas que «descifrarlo» mentalmente en estos momentos. Tal vez necesites afrontar tus miedos a lo desconocido, o a ser menos de quien realmente eres, o bien tu incapacidad de sencillamente SER. Suelta los miedos que aparecen como barreras u obstáculos; abraza lo desconocido y fluye con el misterio que se está desplegando en tu vida. El siguiente paso puede ser el de saltar con las manos abiertas al vacío con una confianza absoluta. En la quietud de la nada, encuentra la voluntad de evitar interrupciones absurdas, y profundiza más en tu proceso de autodescubrimiento y sanación. Ahí vas a hallar las inesperadas bendiciones de la Pantera Negra.

INVERTIDA

Si la Pantera Negra aparece invertida, ello puede ser indicativo de que estás viendo las situaciones como blancas o negras, buenas o malas; no concibes un término medio. Libérate de tus presuposiciones y expectativas mentales; puede que sea el momento de hacer limpieza del hogar. Deja de lado la gente negativa, los pensamientos limitantes o cualquier miedo a estar solo. Si no te hallas equilibrado, tu sombra puede estar creando demonios de miedo. Entra en la quietud y niégate a rendir tu autoridad personal a los mecanismos de prevención, las justificaciones o la gimnasia mental. Recuerda que el miedo de «¿y si...?» siempre evitará que goces del momento presente, y el regalo de la vida es el presente.

¿Te sientes asustado, nervioso, confuso, paranoico, temeroso de estar solo o en riesgo de algo? Estos sentimientos son del dominio de la sombra. ¡Dile a tu sombra que se esfume! Después reconoce y suelta cualquier sentimiento de malestar. Encuentra el vacío de la nada y acurrúcate entre el pelaje nocturno de la pantera negra. En cualquier caso, se te recuerda que todo ser humano ha salido de la oscuridad del útero; una vez sentiste que el silencio y el vacío de ébano de ese espacio era el lugar más seguro donde estar.

Notas

Las cartas de la medicina

NOTAS

Las cartas de la medicina

NOTAS

LAS CARTAS DE LA MEDICINA

NOTAS

Las cartas de la medicina

Sobre los autores

David Carson es escritor y creció en Oklahoma. Es descendiente de los choctaw. Ha impartido multitud de conferencias en Estados Unidos y en otros países. Actualmente vive en Santa Fe, Nuevo México. Su sitio web es www.medicinecards.com

Jamie Sams es pintora y escritora de ascendencia cherokee, seneca y francesa. Entre sus libros están *Sacred Path Cards*, *The Sacred Path Workbook*, *Other Council Fires Were Here Before Ours* (del que es coautora junto con Twylah Nitsch), *The Thirteen Original Clan Mothers*, *Dancing the Dream* y *La Medicina de la Tierra*. También ha escrito una historia de aventuras en audio con Meatball Fulton para la Fundación ZBS, titulada *The Land of Enchantment*. Sus tres casetes, distribuidos por Sounds True, titulados *Animal Medicine* fueron votados como uno de los mejores audios de 1998 por Publishers Weekly. Para más información sobre sus últimos trabajos, visita su página web, www.jamiesams.org

Sobre la ilustradora

Angela Werneke es ilustradora y diseñadora gráfica. Su arte ha aparecido en numerosas obras, las cuales, de alguna manera, están al servicio de la sanación de la Tierra. Su intención es establecer un puente entre las criaturas no humanas del mundo natural y la conciencia humana colectiva, y despertar el respeto y la compasión hacia todas las formas de vida. Angela vive en el Norte de Nuevo México, donde tiene una profunda relación con el lugar, su propósito y su siguiente paso espiritual.

ÍNDICE

Agradecimientos 7
Introducción 11
La medicina animal 13
Los poderes curativos de la medicina animal 17
Los nueve animales totémicos 19
La Rueda de la Medicina 23
El escudo de medicina 27
La tirada de las Cartas de la Medicina 31
Las cartas invertidas 43
Las cartas con escudos en blanco 45

LAS CARTAS DE LA MEDICINA

1. El águila 51
2. El halcón 55
3. El alce 59
4. El ciervo 63
5. El oso 67
6. La serpiente 71
7. La mofeta 75
8. La nutria 79
9. La mariposa 83
10. La tortuga 87
11. El alce americano 91
12. El puercoespín 95
13. El coyote 101
14. El perro 107
15. El lobo 111
16. El cuervo 115
17. El puma 121

18. El lince ... 125
19. El búfalo ... 129
20. El ratón ... 133
21. El búho ... 137
22. El castor ... 141
23. La zarigüeya ... 145
24. La corneja ... 149
25. El zorro ... 155
26. La ardilla ... 159
27. La libélula ... 163
28. El armadillo ... 167
29. El tejón ... 171
30. El conejo ... 177
31. El pavo ... 181
32. La hormiga ... 185
33. La comadreja ... 189
34. El urogallo ... 193
35. El caballo ... 197
36. El lagarto ... 203
37. El antílope ... 207
38. La rana ... 213
39. El cisne ... 219
40. El delfín ... 225
41. La ballena ... 231
42. El murciélago ... 237
43. La araña ... 241
44. El colibrí ... 247
45. La garza azul ... 251
46. El mapache ... 255
47. El perrito de las praderas ... 259
48. El jabalí ... 263
49. El salmón ... 267
50. El caimán ... 271
51. El jaguar ... 275
52. La pantera negra ... 279

Notas ... 283
Sobre los autores ... 291
Sobre la ilustradora ... 292